新手学

# 外贸全流程一本通

杨光瑶◎编著

全新版

Foreign Trade

中国铁道出版社有限公司
CHINA RAILWAY PUBLISHING HOUSE CO., LTD.

## 内 容 简 介

本书针对外贸交易从准备到结束的整个过程进行全面介绍，共10章，包括三个部分。其中，第一部分主要介绍正式进入贸易环节前必须完成的准备事项；第二部分是全书的重点，包含第2章～第9章，每章讲解外贸交易的一个重点环节，环环相扣；第三部分主要介绍外贸人员提升技能所需学习的知识。

逻辑清晰，完全按照外贸交易的全流程顺序进行讲解，使读者很容易将书中内容与实际业务对应起来。除此之外，全书理论知识少，实操内容多，更具有指导性，同时还能有效地避免阅读过程中产生的枯燥感。几乎所有想要或正在从事外贸相关工作的读者都可以参考学习，以提升相应的业务技能。

**图书在版编目（CIP）数据**

新手学外贸全流程一本通：全新版/杨光瑶编著. —2版. —北京：中国铁道出版社有限公司，2021. 1（2025.7 重印）
ISBN 978-7-113-27299-9

Ⅰ. ①新… Ⅱ. ①杨… Ⅲ. ①对外贸易-基本知识 Ⅳ. ①F74

中国版本图书馆CIP数据核字（2020）第184769号

书　　名：新手学外贸全流程一本通（全新版）
XINSHOU XUE WAIMAO QUANLIUCHENG YIBENTONG（QUANXIN BAN）
作　　者：杨光瑶

责任编辑：张亚慧　**编辑部电话**：(010) 51873035　**电子邮箱**：lampard@vip.163.com
编辑助理：张秀文
封面设计：宿　萌
责任校对：苗　丹
责任印制：赵星辰

出版发行：中国铁道出版社有限公司（100054，北京市西城区右安门西街8号）
印　　刷：三河市宏盛印务有限公司
版　　次：2018年6月第1版　2021年1月第2版　2025年7月第13次印刷
开　　本：710 mm×1 000 mm　1/16　**印张**：18　**字数**：255千
书　　号：ISBN 978-7-113-27299-9
定　　价：49. 00元

# 前　言

随着外贸业务的快速增长，越来越多的中小企业，甚至是个人都开始对外贸行业跃跃欲试，心向往之。

越来越多的市场主体积极进入到外贸行业中，参与到外贸交易中，这无疑为这个行业注入了大量的新鲜血液。但这些主体想要真正开展外贸交易，产生业务量，就必须解决一个问题：明确外贸交易的全流程。

外贸交易与普通的商品交易不同，它并非简单的钱货交换。因为外贸国际交易的特殊性，使得它的交易过程与其他业务相比更为繁杂，流程更为严谨，所需时间也更长。任何一个细节上的差错，都可能导致整个交易的重置或失败。而外贸新人对于整个流程大多数都是知之甚少的。

为了让外贸新人快速了解外贸交易，也为了帮助外贸从业人员在企业中更快成长，更好地适应岗位工作和开发业务，我们特意编写了本书。

**本书分为 3 个部分，共 10 章内容，具体内容如下。**

◎ 第一部分：第 1 章

该部分是本书的开篇部分，主要介绍了外贸的基础知识以及开展外贸业务前需要进行的准备，包括业务资格准备、员工基本技能培养、客户开发和企业宣传等，以保证业务顺利开展。

◎ 第二部分：第 2 章～第 9 章

该部分是全书的重点，从外贸交易的整个流程出发，按照章节顺序逐一讲解外贸交易的处理步骤，主要包括报价签约、生产备货、报检、报关、运输、支付结算、出口退税以及跨境电商等。通过对这部分内容的学习，可以清楚知晓外贸交易的各个重要环节。

◎ 第三部分：第 10 章

该部分是对全书内容的补充，致力于提升外贸从业人员的知识技能，不仅包括一些细节业务的应对方法，还包括业务风险防范和开发工具的使用。掌握这部分内容可以丰富外贸从业人员的知识结构，让业务处理更加得心应手。

本书语言通俗易懂、条理清晰，枯燥理论极少，主要通过实际操作方法和案例讲解让读者掌握外贸流程的相关内容。通过对全书的学习，外贸从业人员不仅能对外贸业务的全流程有完整、系统的认识，还能独立处理业务过程中常见的一些难点和易错点，帮助外贸从业人员提升专业技能，更顺利、顺心地完成工作。

最后，希望本书能为读者指明方向，让读者都能够从中获益，更加顺畅、高效地完成外贸交易工作。由于编者能力有限，对于本书内容不完善的地方希望获得读者的批评、指正。

编 者

2020 年 9 月

# 目 录

## 第1章 全方位的外贸准备

外贸活动与日常的商品交易和经营活动相比，手续更复杂，需要完成的事前准备工作也更多，但大多数人对此知之甚少。

## 第2章 合理报价，顺利签约

报价和签约看似是简简单单的两个词，但其中包含的专业性却很强，涉及的细枝末节也很多。只有做好价格之间的博弈，才有可能达成最终合作。报价和合约的反复磋商考验着企业和个人的专业能力。

# 第3章　不同情况下的备货差异

合约签订之后接下来就是合约的履行，也就是交易行为的正式开展，其中交易的首要步骤是准备交易标的，即备货。不同规模、经营方式和类型的外贸主体，对货物的需求不同，从而导致其货物来源方式的差异。

## 第4章 完成检验才能出关

进出口商品检验是对外贸易的必要环节，也是贸易能继续开展的前提，若这一过程产生问题，将影响整个交易，甚至导致交易无法进行。



## 第5章 一切就绪，就等报关

报关是进出口贸易的必备环节，它是指进出口货物收发货人、进出境运输工具负责人、进出境物品所有人或者他们的代理人向海关办理货物、物品或运输工具进出境手续及相关海关事务的过程。

# 第6章　出货要靠运输

运输是使进出口货物按照贸易方向进行实际流动的主要手段，没有运输，也就无所谓进出口贸易。

## 第 7 章　外贸结算，让外贸收益落袋为安

银货两讫是交易的最终表现形式，每笔交易都离不开资金的结算。信用形式多样化和技术化发展，使得支付方式也种类繁多，一个多样有效的支付体系能在一定程度上帮助企业和个人外贸业务的发展。

## 第 8 章 出口退税，增加盈利的有效方式

为了鼓励进出口业务的发展，让我国产品能以不含税的成本进入国外市场，增强产品竞争力，外贸企业在出口规定范围内的货物时可以通过出口退税来减少货物所需缴纳的税费，降低成本，增加盈利。

## 第 9 章 互联网时代跨境电子商务

网络是一个没有边界的媒介，打破了时间和空间的限制，使得原本单一的外贸交易活动得到质的飞跃，依附于网络发生的跨境电子商务具备全球性和非中心化的特性，最大限度地扩大了市场，给了更多外贸人员机会。

# 第 10 章　外贸人员全面提升

对外贸行业的从业者或打算涉足外贸行业的人士来说，除了了解外贸交易的整个流程和主要的业务处理方法之外，还需要通过一些其他的业务技能来让自己“增值”，以更好地适应行业和企业内部的竞争。

# CHAPTER01 第1章

# 全方位的外贸准备

外贸活动与日常的商品交易和经营活动相比，手续更复杂，需要完成的事前准备工作也更多，但大多数人对此知之甚少。而无论是想要投身外贸行业的初创公司，还是想要从事外贸工作的个人，或是想要了解外贸交易的相关人士，都需要首先清晰认识外贸的事前准备环节。

- 1.1 外贸也用两条腿走路
- 1.2 外贸交易需要准入资格
- 1.3 把握客户才能做大做强
- 1.4 如何打好广告

1.1

# 外贸也用两条腿走路

外贸就是常说的对外贸易，官方说法为国际贸易或进出口贸易，是一个国家或地区与另一个国家或地区之间的商品、劳务和技术的交换活动。它分为进口和出口两个部分：进口是商品或劳务等的流入；出口则是商品或劳务等的流出。形象地说，它们分别是外贸的两条腿。

## 1.1.1　出口贸易必需的调研准备

出口贸易又称为输出贸易，是将本国生产或加工的商品以及劳务、技术等输往国外市场销售的行为。在正式进入贸易的交易环节之前，无论是企业还是个人，都要进行必要的前期准备。而在众多的前期准备工作中，最重要也最必不可少的是调研。

这里的调研是指采用各种方式获取与贸易有关的各种信息，然后通过对信息的分析，得出国际市场行情的特点，从而判定贸易可行性的过程。可行的交易往往伴随着获利，而对于不可行的交易，事前回避无疑是最明智的选择。

一般来说，出口贸易的调研包括以下 3 个方面的内容。

1. 经济调研

经济调研是对出口国家或地区的宏观经济环境做了解，其内容包括总体经济状况、生产力发展水平、产业结构特点、国家的宏观经济政策、货币制度、经济法律和条约、消费水平和基本特点等。调研的目的在于预估可能发生的风险和效益情况。只有当出口对象的总体环境较好时，贸易才能顺利并有利可图。

2. 市场调研

市场调研是调查拟出口商品的市场供需状况、国内生产能力、生产的技术水平和成本、产品性能、特点、消费阶层和高潮消费期、产品在生命周期中所处的阶段、该产品市场的竞争和垄断程度等内容。调研目的在于确定该商品贸易是否可行以及商品本身能否获益。

3. 客户调研

客户调研是调查拟与之建立贸易关系的国外厂商的基本情况，不仅包括历史发展状况、资金规模、经营范围、组织情况和信誉等级等总体信息，还包括其与世界各地其他客户和与中国客户开展对外经济贸易关系的历史和现状。

知己知彼，百战不殆。只有对国外厂商有了一定的了解，才可以与之建立外贸联系。在实际的对外贸易工作中，常有因对对方情况不清楚，匆忙与之进行外贸交易活动而造成重大损失的事件发生。所以在交易磋商之前，一定要对国外客户的资金和信誉状况有十足的把握，不可急于求成。

做好以上调研，无疑是给外贸交易加上了安全锁，也给外贸企业和外贸从业人员吃了定心丸。从上述内容中我们可以看到，调研的重点在于信息的收集，做好信息收集，才能为分析和决策提供有效的依据。通常情况下，调研信息可通过以下渠道和方式获取。

◆ 一般性资料，如一国官方公布的国民经济总括性数据和资料，内容包括国民生产总值、国际收支状况、对外贸易总量、通货膨胀率和失业率等。

- ◆ 国内外综合刊物。
- ◆ 委托国外咨询公司进行行情调查。
- ◆ 通过中国外贸公司驻外分支公司和大使馆商务参赞处，在国外进行资料收集。
- ◆ 利用交易会、洽谈会和客户来华做生意的机会了解有关信息。
- ◆ 派遣专门的出口代表团、推销小组等进行直接的国际市场调研，获得第一手资料。

### 1.1.2 进口贸易必需的调研准备

进口贸易是外贸的另外一条“腿”，是指外贸企业或个人将外国商品输入到本国市场进行销售，与出口贸易的交易方向相反。

企业或个人在决定进口之前，必须对拟进口国国内各个市场的价格进行调研，以弄清对方的供应情况及商品的价格趋势。针对不同的市场，可通过不同的方式来进行了解。

1. 原材料市场

生产周期短，市场变化快，可直接从原材料销售市场进行调查了解，还可以了解原材料的供求状况。

2. 农产品市场

这类商品的价格直接受主要生产国播种面积和气候变化的影响，可从报纸、新闻和有关外贸公司了解。

3. 技术和机械设备市场

价格比较稳定，一般来说，可通过以下渠道调查。

- 与外国厂商进行技术交流或直接洽谈，进行技术和价格比较。
- 通过有关外贸行业查询我国已进口同品种的合同价格。
- 向咨询公司进行技术和价格咨询。
- 通过我国驻外商务机构调查了解。
- 查阅国内外商务报纸、杂志。

4. 日用商品市场

价格比原材料价格稍加稳定，可通过如下渠道调查。

- 通过有关外贸公司了解。
- 和经营该商品的外商接触进行询价。
- 通过我国驻外机构调查了解。

### 1.1.3　了解进出口政策，依法进行贸易交易

进出口政策就是对外贸易政策，是对一定时期内的进出口贸易进行管理的原则、方针、措施和手段的总称，常常与国家的社会经济总目标相适应。

对外贸易政策主要通过具体的措施来实现，包括关税措施、非关税措施和出口管理措施等。

1. 关税措施

关税措施即国家海关对进出口货物和物品征收关税，包括进口关税和出口关税两个方面，其中进口关税是其主要构成。

适当征收进口关税，会增加进口货物的成本，提高进口货物的市场价格，影响外国货物的进口数量，从而对本国工农业生产形成一定的保护。我国的进口关税有不同名目，如优惠关税、最惠国待遇关税、普惠制关税和保护关税等。

同时对于不同商品，适用的关税税率也不相同。

针对具体的关税税率，外贸企业或外贸人员可以通过海关总署官网（http://www.customs.gov.cn/）进行查询。在网站首页下方单击“我要查”按钮，在打开的页面中单击“进出口税则查询”按钮，即可进入如图 1–1 所示的查询页面。

图 1–1

2. 非关税措施

非关税措施是指关税措施以外的限制进出口的政策，主要有数量限制和其他非关税措施两种方式。如配额、进出口许可证、自动出口限制和数量性外汇管制等属于数量限制措施，而技术性贸易壁垒、动植物检验检疫措施、海关估价、原产地规则等属于其他非关税措施。

3. 出口管理措施

出口管理措施有出口鼓励和出口管制两个方面。具体内容见表 1–1。

表 1-1　出口管理措施的内容

| | |
|---|---|
| 出口鼓励 | 1. 出口信贷：是国家为了鼓励出口，增强商品的竞争力，通过银行对本国出口商、国外进口商或进口方银行提供的优惠利率的贷款，其利率一般低于市场利率，差额由政府补贴 |
| | 2. 出口信贷国家担保：是国家为扩大出口，由国家设立的担保机构对出口厂商或商业银行提供的信贷担保，当国外债务人拒绝付款时，该机构就按照承保的数额给予补偿。通常情况下，保险公司不承保的出口项目都可向担保机构投保。担保存在政治和经济两个方面的风险，前者是由于进口国发生特殊情况导致政府采取禁运、冻结资金、限制对外支付等政治原因造成的损失，后者是进口商或借款银行破产，无力偿还或货币贬值等原因造成的损失 |
| | 3. 出口补贴：是政府为了降低出口商品的价格，增加其在国外市场的竞争力，在出口某种商品时给予出口厂商的现金补贴或财政上的优惠待遇。其中出口退税是出口补贴的主要形式之一，也是对外贸易中常用的鼓励出口的措施，它指的是在商品出口时，国家将其在国内生产流转过程中被征收的所有税款全部退还给出口商，使商品能够零税率出口的措施 |
| | 4. 商品倾销：出口厂商以低于国内市场价格甚至低于成本的价格，在国外市场上大量抛售商品。这是一种不正当竞争，会面临进口国的反倾销 |
| | 5. 外汇倾销：利用本国货币对外贬值的机会扩大出口，本国货币贬值，则用外币表示的本国出口商品的价格就会降低，其竞争力就会上升，有利于扩大出口。同时，用本币表示的进口商品的价格增加，其竞争力下降，有利于限制进口。需要注意的是，外汇倾销应以货币贬值幅度大于物价上涨幅度，且他国没有出现货币贬值或采取报复措施为基础 |
| | 6. 其他鼓励措施：如展销会、出口奖励政策、成立经济特区以及鼓励出口加工贸易和转口贸易等 |
| 出口管制 | 出口管制主要是对出口商品的类型进行限制，被管制的商品一般如下：<br>1. 战略物资及其有关的先进技术资料。<br>2. 国内生产所需的原材料、半成品及国内市场供应不足的某些必需品。<br>3. 实行“自动”出口控制的商品。<br>4. 实行许可证出口管理的商品。<br>5. 为了实行经济制裁对某国或某地区限制甚至禁止出口的商品。<br>6. 重要的文物、艺术品、黄金和白银等 |

准确把握出口鼓励措施和管制措施的条款及界限，可以有效帮助外贸企业和外贸人员充分享受政策优惠，并规避风险。

1.2

# 外贸交易需要准入资格

对外贸有了一些了解，做好准备工作，就能正式开展外贸活动，进行外贸交易了吗？答案是不能。因为在这之前还需要取得资格，有了资格才能名正言顺地进行外贸交易。

## 1.2.1　进出口权的申请条件和流程

进出口权是自主经营进出口经营权的简称，从字面意思可以看出，对于想要自主进行进出口经营活动的企业，首先要取得进出口资格。

进出口权的申请人必须是法人，个人不能申请进出口权。目前我国对申办进出口权的条件已经得到极大的降低，只要申办企业有依法办理的有效营业执照和银行开户账号即可。小规模企业、一般纳税人、私营企业、工商个体户或新成立的公司均可办理。

满足以上申办条件的法人，可按照以下流程申请进出口权。

1. 到工商局增加经营范围

拟进行进出口活动的企业负责人或代理人到企业营业执照所属工商局，将营业执照经营范围一栏加入一项“自营和代理各类货物及技术的进出口业务（但国家限定公司经营或禁止进出口的商品及技术除外）”。需要提供的资料主要有：

在工商局领取的《公司变更登记申请书》和《企业（公司）申请登记委托书》，两者均需加盖公司公章；公司全体股东签名的股东会决议和公司章程修正案；公司营业执照正副本；公司公章以及其他相关资料。

2. 到国税局进行税务变更

到注册地所属国税局进行税务变更，所需的资料有很多，具体内容如下。

（1）税务变更需要提交的资料。企业法人营业执照副本原件和复印件；法人代表身份证原件和复印件；税务登记证正副本原件；其他相关资料。

（2）营业执照副本原件及复印件；法人（负责人）和经办人身份证复印件（分别复印在两张 A4 纸上）；公章。

3. 到外经贸局办理对外贸易经营者备案登记

进入注册地隶属的对外贸易经营者备案登记系统官网，营业执照登录，填写《对外贸易经营者备案登记表》并打印，然后到注册地外经贸局具体办理。

这一过程所需的资料为：已在背面条款上签字并加盖公章的《对外贸易经营者备案登记表》（一式两份）；企业营业执照复印件，企业法人代表身份证复印件。若委托其他人办理，则需提供单位介绍信和经办人身份证复印件。

4. 报关企业登记

备案登记后的企业，需要先到直属海关的企管处或者企管科得到许可，再到企业所在地隶属海关办理登记。

申请报关企业注册登记许可，所需资料为：报关企业注册登记许可申请书；《企业法人营业执照》副本或《企业名称预先核准通知书》复印件；企业章程；

出资证明文件复印件；所聘报关从业人员的《报关员资格证》复印件；从事报关服务业可行性研究报告；报关业务负责人工作简历；报关服务营业场所所有权证明、租赁证明；其他相关材料。

报关企业申请办理注册登记，所需资料有：直属海关注册登记许可文件复印件；《企业法人营业执照》副本复印件（分支机构提交营业执照）；银行开户证明复印件；《报关单位情况登记表》；《报关单位管理人员情况登记表》；报关企业与所聘报关员签订的用工劳动合同复印件；其他与报关注册登记有关的文件材料。

5. 到出入境检验检疫局办理注册备案登记

进入中国检验检疫电子业务网官网（http://www.eciq.cn/），填写《自理报检单位登记备案申请表》并打印。同时到注册地出入境检验检疫局提交法定代表人已签字且已加盖公章的《自理报检单位登记备案申请表》；加盖公章的企业工商营业执照复印件（同时交验原件）。

6. 到电子口岸办理中国电子口岸登记并领取电子口岸 IC 卡

企业首先应提出入网申请，然后进行信息备案。入网申请的提交可以在企业所在地的数据分中心或制卡代理点（联系电话可登录中国电子口岸综合服务网站 www.chinaport.gov.cn 查询）进行，领取并填写《中国电子口岸企业情况登记表》和《中国电子口岸企业 IC 卡登记表》，由企业法人签字并加盖公章。

入网申请后即可到注册地工商局、税务局、质量检验检疫局接受审查。进行企业信息备案工作，需提交的资料有：《企业营业执照》《报关单位登记注册证明》，如企业有报关员，需带《报关员证》；企业负责人签字并加盖公章的《中国电子口岸企业情况登记表》和《中国电子口岸企业 IC 卡登记表》；《对外贸易经营者备案登记表》。

最后由当地海关终审通过后，由企业领卡人持单位介绍信和本人身份证明到制卡点领取 IC 卡和读卡器。

7. 到外汇管理局出口备案

到注册地外汇管理局办理出口备案，备案内容包括出口核销备案、进口单位进入名录备案和外汇账户开立申请。所需提交的资料有：开立经常项目外汇账户申请书；营业执照或其他有效证明的原件和复印件；有权管理部门颁发的涉外业务经营许可证明原件和复印件；外汇局要求的其他材料。

8. 到国税局办理出口退税登记

到注册地国税局填写《出口企业退税登记表》申请办理退税登记证。所需资料有：《出口企业退税登记表》（加盖公章）；工商营业执照（副本及复印件）；出口经营批文；税务机关要求的其他资料。

申办进出口权需要经过一个比较复杂的审批过程，因此企业或相关人员应预留充足的时间，以免耽误企业的正常对外交易，企业拿到上述所有部门审批的证书后，才拥有自营进出口的权利。

## 1.2.2　怎样申领进出口许可证

进出口许可证是指已经取得进出口权的外贸经营者在从事进口或出口国家限制的进出口货物的贸易时，必须事前获得国家许可，获取进出口许可证，否则不能进行该商品的进出口交易。

申领进出口许可证一般要经历以下步骤。

1. 领证人申请

领证人即申请人，进出口许可证的领证人应由进出口单位指派专人申领，其中出口许可证不能委托他人代领，因特殊情况确需委托他人的，要出示领证单位的委托书及本人身份证明。同时，领证人提出申请时需要提交以下资料。

◆ 出口许可证申请表（一式两份），需申领单位逐项填写，并加盖公章，申请表不得有任何涂改。
◆ 有效的出口合同（正本复印件）。
◆ 有关主管部门下达的出口配额文件。
◆ 第一次办理出口许可证的申领单位应提供《中华人民共和国进出口企业资格审定证书》（正本复印件）及营业执照（正本复印件）。

2. 发证机关审核并发证

领证提交上述申请资料后，发证机关会对资料进行审核并将确认无误的各项申请资料录入电脑。

发证机关在申请表送交后 3 个工作日内，对领证人签发《中华人民共和国出口许可证》。许可证一式四联，其中第一、第二和第三联交由领证人，凭此向海关办理货物出口报关和银行结汇手续。同时海关向领证人收取一定的办证费用。

**进出口许可证的有效期**

根据有关法律规定，我国出口许可证的有效期最长不得超过 6 个月，且有效期截止时间不得超过当年的 12 月 31 日，其中出口配额的有效期为当年 12 月 31 日前（含）；进口许可证的有效期为一年，进口配额有效期为 3 个月。

### 1.2.3　没有取得进出口权该如何出口

进出口经营权和进出口许可证是进行外贸交易的前提和必要准备。那么，尚未取得或无法取得进出口权的企业及个人想要对外出口应该怎么办呢？下面就来讲解一下。

对于打算对外出口商品或货物，又苦于没有进出口经营权的企业和个人来说，代理出口不失为一种很好的方式，只需要付出固定的费用，就可以自由地进行外贸交易，节约了大量的时间、手续和人力成本。

那么，代理出口是什么呢？代理出口就是指没有自营进出口权的一方（包括工厂、外贸公司、外贸 SOHO 等），通过挂靠有自营进出口权的贸易公司来出口自己的产品、技术或服务的行为。对于代理出口的需求方来说，只需寻找一个可靠的代理商即可。

出口代理商的质量直接影响出口的效率，一个好的出口代理商能为企业解决后顾之忧，在进行代理商的选择时，可以从以下方面进行考虑。

◆ 公司实力

目前，各类进出口代理公司层出不穷，这给代理商的选择增加了难度，因此在选择时更应该谨慎，最好选择国企或上市公司，这两类公司往往实力较强，服务体系完善，实现规模效应后收费也较低。

其次，代理商的资金状况是选择的关键要素之一，这关系到出货后的结汇和退税问题，规模较小、资金不足的代理商往往会发生押汇或延迟退税等问题。因此选择时要注意代理商的注册资金和信息的真实性，可通过代理商的官网来查询确认，有条件的，还可以实地了解其具体情况，将代理商风险降至最低。

◆ 收费透明程度

出口代理商的收费必须透明，所有费用必须逐一列清，有些代理商只给美金汇率，很多收费都说不清楚，就很可能导致委托方在实际出货中被多收钱而不自知，这就会在无形中损失很多出口利润，直接损害委托企业和个人的利益。此外，还应将退税率、贴现率、相关费用支付方式（单据费及单据寄送费、代理费）及代理付款时间和方式等进行明确约定。

◆ 服务能力

代理商的服务能力主要体现在两个方面：一是服务全面性；二是服务专业性。服务全面性是指其服务范围是否涵盖了出口的所有环节，包括通关、外汇、退税、融资、垫资、清关、贴现、投保和国际国内运输等，选择能提供一站式服务的代理商往往更省心，效率也更高。

服务专业性主要体现在对各个环节的处理上，如代理商的通关能力、跟单员的跟单能力以及员工的经验丰富程度等。通关能力不好，将无法高效应对海关的查货，会影响出货时间；跟单能力不好，沟通起来将比较困难，业务熟练程度和准确率会较低，会影响整个出口的效率。而一个专业的代理商团队，一个精通出口业务流程、了解出口风险的优质团队，才是企业和个人的最好选择。

### 1.2.4 没有取得进出口权该如何进口

没有取得进出口权的企业和个人可以通过寻找代理出口商的方式进行外贸出口，也可以以同样的方式进行进口交易。

与出口代理商相比，进口代理商的类型更多样，主要有以下一些。

（1）经纪人。经纪人是对提供低价代理服务的各种中间商的统称，其主要经营大宗商品和粮食制品等大宗商品的交易。它是初级产品市场上最重要的中间商。

（2）融资经纪商。融资经纪商是近年来迅速发展的一种代理中间商。这种代理中间商不但具有一般经纪商的全部职能，还能为销售和制造商提供融资，为买主或卖主分担风险。

（3）制造商代理人。凡是接受出口国制造商的委托，签订代理合同，为其推销产品，收取佣金的进口国的中间商都是制造商代理人，也被称为销售代理、佣金代理人或订购代理人等。

（4）经营代理商。经营代理商在我国及其他亚洲和非洲国家比较普遍，某些地区称其为买办。经营代理商根据与产品制造国的供应商签订的独家代理合同在某一国境内开展业务。

进口代理最需要注意的是货物的所有权问题，因此，代理委托企业或个人在选择好进口代理商并协商一致后，必须与之签订进口代理协议，以法律形式将货物的所有权确立下来，以避免可能由此产生的纠纷。

接受企业或个人委托的外贸企业，在代理过程中需要注意以下问题。

- ◆ 接到客户全真单据后，应确认货物的商品编码，然后查阅海关税则，确认进口税率并确认货物的监管条件，如需各种检验，则应在报关前向有关机构报验。
- ◆ 换单时应催促船舶代理部门及时给海关传舱单，如有问题应与海关舱单室取得联系，以确认舱单是否转到海关。
- ◆ 若海关要求开箱查验货物，则应提前与场站取得联系，首先确认好调箱费和掏箱费，然后再将所查箱子调至海关指定的场站。

1.3

# 把握客户才能做大做强

不管是对于外贸企业，还是一个人顶起一片天的外贸 SOHO，抑或是外贸从业者，客户都是其生存和发展的原动力。做差、做好、做大，其差别往往仅仅在于怎么挖掘客户、积累客户和利用客户。

## 1.3.1　外贸人员必会的计算机与英语技能

“打铁还需自身硬”，要开发和吸引客户，首先得从个人入手，个体的整体发展和进步积累，才能最终形成团队和企业质的飞跃。

在日常的外贸业务中，涉及方方面面的业务处理，这就要求外贸人员必须掌握一定的计算机技能，才能应对一些基础工作，主要有以下一些。

（1）Office 系列。Office 是最常用的办公软件之一，外贸公司和外贸人员也不例外，其中 Word 和 Excel 运用得较多，对于外贸人员来说，掌握 Excel 的基本用法尤为重要，因为会经常运用到表格和一些函数运算。

（2）收发电子邮件。邮件是外贸人员和客户沟通的主要方式之一，因此外贸人员应对邮件的使用进行充分了解，包括基本用法和注意事项等。

（3）网络搜索方法。对于初创的外贸企业或初入行的外贸从业人员来说，客户来源的主要方式就是网络搜索，在大量的 B2B 网站及一些搜索引擎中去寻找目标客户，有效的搜索方法往往能达到事半功倍的效果。

（4）PS 图片编辑技巧。外贸企业和人员经常使用 PS，对产品图片进行修改，来达到获得客户资源的目的。常用到的技巧有图章工具、修剪图片尺寸、增加或减少曝光和修改图片背景等。

计算机技能是外贸人员必会的办公技能，而英语技能是外贸人员必会的业务技能，英语水平的高低往往会对客户和业务的开展产生直接影响。

外贸的接单、沟通和服务都离不开英语，外贸企业也往往将英语技能作为招聘和考量外贸从业人员的主要指标之一。对于外贸从业人员来说，要想提高自己的英语技能，可以从以下几个角度着手。

（1）各类英语证书的获取。证书虽然不能完全反映一个人的英文素养，但却能从一定程度上反映一个人的英语能力。在实际的外贸工作中，英语证书往往是招聘的主要条件之一，如英语四、六级，甚至专业英语四级和八级，一些大型的外贸企业通常要求应聘人员有专业英语证书。因此，外贸人员应致力于考取英语类专业证书，尤其是大学还未毕业但想从事外贸工作的人，更应该利用课余时间充实自己，有意识地培养自己的英语能力。

（2）口语。外贸人员口语的好坏直接影响其与客户沟通的流畅度和效果，而口语一般都是练出来的，因此外贸人员可以刻意为自己创造练习口语的机会，如用英语口语代替日常生活交流，多看美剧矫正发音以及和同事之间互相沟通等。

（3）专业词汇。专业词汇是外贸英语中最晦涩难懂的，但也是最重要的，平日与客户的沟通，业务的处理都会不同程度地涉及专业词汇的使用，若不懂专业词汇或理解错误，很有可能让自己的思维和处理问题的方式跑偏。这就要求外贸人员不但要在平常的工作中不断积累，熟练掌握见过的专业词汇，还要求其主动学习尚未出现但将来可能会涉及的词汇，只有一边巩固，一边学习，才能真正熟练运用专业词汇。

### 1.3.2 花式寻找目标客户

不是仅仅有能力就可以做到很好地开发客户，更重要的是怎样将能力与客户开发切实联系起来，并找到一条行之有效地开发客户的方法。开发和寻找外贸客户的方法多种多样，但一个不落地将所有方法都运用在实际工作中往往并不能收到很好的效果，最好的方法是从中寻找某一个或几个适合自己的方法，并不断总结，熟练运用。外贸客户开发方法主要见表 1–2。

表 1–2 外贸客户开发方法

| | |
|---|---|
| 搜索引擎法 | “Importers”（进口商）法：搜索产品名称 +importers 或搜索产品名称 +importer |
| | 关键词加引号法：搜索“产品名称 +importer”或“产品名称 +importers” |
| | “Distributor”（经销商）法：搜索产品名称 +Distributor |
| | “Price”（价格）法：“Price”+ 产品名称 |
| | “Buy”（购买）法：“Buy”+ 产品名称 |
| | 关联产品法：产品名称 + 关联产品名称 |
| | 著名买家法：产品名称 + 你的行业里面著名买家的公司简称或者全称 |
| 专业网站法 | 企业名录网站法：通过 https://cn.kompass.com/ 寻找 |
| | 进口商与分销商名录网站法：搜索 importers directory 和 distributors directory |
| | 中国国际招标网：http://www.chinabidding.com/ |
| 其他法 | 亚洲各国黄页：http://www.dragon-guide.net/ |
| | 各类渠道：国际性的物流公司；船舶公司；快递公司（UPS 和 TNT 等） |

### 1.3.3 用好“邮件战”和开发信

对于外贸新人来说，邮件开发信是其必须学习和掌握的客户开发方法之一，在开发客户上有低价有效的优势。

一封好的邮件开发信能成功吸引客户，下面来看一个范例。

Dear Sir,

Very glad to send E-mail to you, I'm ××.I have learned your name from the website which shows you are interest in ball chair.

First I'd like to introduce our company, which is one of the largest ball chair manufacturers in China, mainly produce ball chair,egg chair,bubble chair and other chairs. We would like to supply high-class products and satisfy every customer's needs.

We are now in contact with you and hope to establish a long-term business relationship with your company and expand our business scope through our joint role.

It will be a great pleasure to receive your inquiries for any of the items against which we will send you our competitive price with high quality.

Your prompt reply will be highly appreciated.

Thanks and best regards

Yours faithfully,

Website：http://××××

Add：××××××

Tel：××××

Fax：××××××

E-mail：××××××

从案例可以看出，开发信的篇幅一般不宜过长，内容开头应主动解释通过何种方式获取的客户信息，接着应重点介绍写信的目的和公司的相关信息，最后一般会以期待客户回信之类的语句结尾，还应将个人及公司的联系方式附在正文结尾后面，以便客户联系，所留联系方式应尽量全面。

一封全面规范的开发邮件仅仅只是基本要求，在实际运用过程中，外贸人员还需要掌握一些技巧，让开发信更有吸引力和可读性。

◆ 慎用链接：若在开发信中添加相关链接，则系统很有可能会认为其存在潜在威胁，从而导致邮件发送不出去，若必须添加链接，可以将其中的 http 部分去掉，这样邮件可以顺利发送，客户也能理解打开链接时自动加上 http 部分即可。

◆ 一对一单独发送：群发邮件对陌生或不熟悉的客户来说是一种很不礼貌的行为，也很容易引起反感。相反，一对一发送是对客户的尊重，也更容易赢得好感。

◆ 语言精简，排版规整：邮件的格式会给客户留下最直接的印象，排版凌乱的邮件客户不会想继续阅读，语言啰嗦的内容也会让客户觉得枯燥乏味、浪费时间。写作过程中应尽量精简规范，将所述事项说清楚即可，不必过分重复或扩展。

### 1.3.4 客户沟通技巧很重要

沟通是人际交往的必备能力，一句不经意的话，可以让对方瞬间对你卸下防备，产生信任，也能让对方反感，甚至厌恶。

无论是外贸企业客户，还是个人客户，一般都可分为以下 3 类：利润型客户，为企业和个人带来大部分收益，业务需求不一定多，但单位利润一定最高；大客户，公司规模或个人资金实力雄厚，给企业和个人的业务量贡献大，但利润微薄甚至勉强实现盈亏平衡；小客户，这类客户往往是企业和个人客户的主要组成部分，一般实力不强或业务量不多，但成长性较强，长期跟踪维护可能会带来业务量和利润的爆发式增长。

怎样与客户舒服的交流，怎样让客户产生信任，又怎样引导客户达到沟通的目的，几乎是每个外贸从业人员的迫切需求。而要做到这些，就必须掌握一些基本的沟通技巧。

1. 沟通的邀请和安排

当准备拜访某位客户时，一定要提前与客户确认是否方便以及具体的时间，在得到客户同意之后再按照约定前去。切忌进行突然性的拜访，这会给客户造成一定困扰，可能会引起客户反感。因为你的突然到访很可能打乱他的工作安排或行程，这样不仅不能达到沟通的目的，严重的还会失去客户。

2. 准备实物化

充足的准备是良好沟通的前提，外贸人员应尽量将沟通目的实物化，若沟通目的在于宣传公司，那就可以准备一本英文的公司介绍册，若目的是宣传产品，则应准备一些产品小样和试用装，以实物展示给客户，比多说十句、百句话更有用。

3. 以客户想法为主，适时表达个人意见

外贸人员需要明白，沟通的主体是双方，但沟通的重点应放在对方身上。这就要求以客户为主，自己只是作为一个引导者，引导客户表达自己的想法和需求，在此基础上，结合自己的专业知识和能力，给予客户适当的建议，语气应真诚，建议应切合实际。

4. 切忌催促客户

催促客户是一种很不礼貌的行为，也很容易引起客户反感。在客户作出思考时，耐心的等待往往能给客户留下良好印象，也更有助于达成合作。

5. 不断确认重要细节

若是与客户洽谈合作事宜，那么对于交易价格、金额、交货时间和条件等重要细节一定要与之反复确认，在签订正式合约前保证所有条款的商议、理解和执行的一致。有疑问的条款，应及时提出，对于不清楚客户意图的，可以请其重复，直到双方理解一致为止，如可通过“Could you explain it more precisely?”或“Would you mind repeating it？”来询问客户。

## 1.3.5　跟踪客户才能深挖客户

跟踪服务，服务跟踪，跟踪客户才能服务客户，服务客户才能深挖客户。跟踪不仅可以增加客户数量，还可以提高客户质量，对个人和公司而言有百利而无一害，不仅如此，跟踪一个客户所花费的时间和精力，往往比新开发一个客户少得多。

客户跟踪可以与客户分类结合起来，采用客户跟踪表的方式，对每类客户进行跟踪，具体内容见表 1–3。

表 1–3　外贸客户跟踪表

| 客户类型 | 公司 / 客户名称 | 国家或地区 | 产品 | 种类 | 更新日期 |
|---|---|---|---|---|---|
| 利润型客户 | | | | | |
| | | | | | |
| | | | | | |
| 大客户 | | | | | |

续上表

| 客户类型 | 公司 / 客户名称 | 国家或地区 | 产品 | 种类 | 更新日期 |
|---|---|---|---|---|---|
| | | | | | |
| | | | | | |
| 小客户 | | | | | |
| | | | | | |
| | | | | | |

除此之外，在日常的业务往来中，也可以通过邮件跟踪的方式对客户的状态和需求进行确认，比如当一段时间内跟客户没有业务往来时，可以发一封邮件询问客户是否有新的订单或询价。遇到节假日，尤其是客户所在地的当地节日时也可通过邮件慰问客户，加深印象和增加好感。

## 1.4 如何打好广告

外贸交易的本质是商品交易，掌握了稀缺的、优质的产品，企业和外贸人员就成功了一半，而成功的另一半取决于在拥有优质产品的基础上如何做好产品宣传，让产品转化为实际的收入和盈利。

### 1.4.1　选对经销产品就是成功的一半

对于想发展国外市场的中小型外贸企业和想做外贸 SOHO 的个人来说，选择外贸产品是一个重点，更是一个难点。无论是中小型外贸企业还是外贸

SOHO，都存在客户资源不足、资金量不大以及自身优势不明显的特点，在产品选择上往往约束条件较多，选错产品很有可能就意味着定位失败，最终使企业和个人大受打击。

经销产品的选择对外贸交易至关重要，外贸企业和外贸SOHO可以将以下几个要素作为参考，以选择更合适、更有效的产品。

1. 看产品的复杂程度和科技含量

一般来说，复杂程度和科技含量越高的产品，其消费需求和竞争力也越强，可以作为经销产品的重点考虑对象。相反，复杂程度和科技含量不高的产品，就要进行谨慎考虑和选择，如原材料和劳动密集型产品，利润较低，除非有大量的买方需求，否则一般不会选择将其作为经销产品，而且这类产品多属于传统产品，卖家众多，价格较低，中小型外贸企业和外贸SOHO对此并无优势。

2. 看产品的门槛高低

产品的入门门槛高，熟悉产品所需的时间就较长，相对来说，该产品的市场竞争力会较小，发展的潜力也会更大一些，但可能供应商也会相对较少，找到合适的供应商会比较困难。低门槛的产品，能快速熟悉产品，但竞争相对也很大，对于企业和个人的竞争力要求较高，但供应商众多，选择供应商的机会也多一些。高门槛和低门槛的产品各有优劣，这就要求企业和个人结合自身实际和发展定位，仔细考虑选择适合的产品。

3. 看产品的特性

有的产品并不适合进出口，与国内销售相比，进出口需要花费大量额外成本。因此，并不是任何产品都适合出口到国外销售，也不是任何产品都适合进口到国内销售，选择的产品，对于当地市场一定要是稀缺并有消费需求的。比如外贸的服装在国内销售得很好，但如果将国内的不知名服装出口到国外，就一定没有竞争力和消费需求。

4. 看产品的利润

对于中小型企业和外贸 SOHO 来说，不适合做薄利多销的产品，这些产品花费的时间精力很多，利润极少且容易出错，对于企业和个人的快速积累和成长没有多大帮助，因此可以选择性地放弃。

这类产品主要有：货值较小，精打细算也赚不了多少钱的产品；货值不错，但将退税贴到价格里后市场利润太低；货值大，但实际上并不赚钱。

5. 看产品的出口手续和市场需求

有的产品出口很是麻烦（如农产品），每次出货的手续都很烦琐，利润还不高，再加上中小型企业和个人人手本来就比较有限，因此可以放弃这类产品。

另外，可以通过 Google Trends 提供的关键词分析工具，了解拟经销产品在全球哪个国家或地区更受关注以及关注程度如何，以此作为判断是否将其作为最终经销产品的依据之一。只有将合适的产品卖到合适的市场，才是合适的交易。

## 1.4.2　建立自己的产品宣传网站，做好推广和维护

互联网时代，人人都离不开网络，事事离不开网络，网络宣传打破了传统宣传在地域、时间、空间及对象上的限制，而且极大地节约了宣传成本，扩大了宣传效果，让产品宣传更加高效。

对于外贸企业和外贸人员来说，建立自己的产品网站，可以最大化产品宣

传效果。其建立步骤如下。

1. 申请域名

目前国家已经不对个人开放注册域名，若个人想申请域名，只能用某些空间服务商提供的二级域名。单位申请域名时要注意以下规范。

（1）国际域名最多可以使用 3 ~ 10 个英文或数字。

（2）域名不能以“-”或“_”开头或结尾，不能包含“.”、“$”或“&”等特殊字符。

2. 空间租用

进行域名注册后，企业要想把信息发布出去，就要将信息展示在网页上，这需要向网络提供商租用一块磁盘空间，将制好的信息页面放到上面去。租用的这个空间，也称为虚拟主机。

3. 网页制作

网页是企业网站的门面，一个好的主页不仅可以有助于产品宣传，还可以帮助企业树立良好形象，并给企业带来更多的商机。这也是越来越多的企业都在着手创建能体现自己特色、宣传效果极佳的网页的原因。这一工作的专业性较强，一般是由专门的程序员或网页设计师来完成，条件有限的企业或个人，可以让非专业但对电脑操作熟悉的人来负责。

4. 网站推广

这是建立网站的最终目的，网站内容再丰富，页面设计再精美，如果不能产生较高的访问量，那这个网站就注定是失败的。如何才能让更多的人知道并访问企业站点呢？关键在于设计一套行之有效的网站推广方案。

一方面可以通过用户宣传网站，如在名片、信纸、信封、印刷品和产品等上面印上企业的网址及产品的图片；另一方面，通过互联网进行电子宣传，如搜索引擎推广、友情链接、网络广告和邮件宣传等。

5. 管理维护

网站管理维护的关键在于内容更新，管理维护不仅要做到保持网络链接的畅通和服务器正常运行，还要做到网站内容的延伸和访客服务等，这是企业网站的活力和对访客的重视程度及电子商贸态度的体现。

## 1.4.3 国际平台发布广告可以寻找优质资源

企业自建网站是否就是外贸产品的唯一网上宣传途径呢？没有建立网站的企业和个人是不是就不能进行产品网络宣传呢？答案都是否定的。

除了利用自身的现有资源进行广告发布之外，企业和个人还可借助一些大型的国际平台做广告，这样的平台主要有阿里巴巴、中国制造网和环球网等，只需注册成为该平台的会员，即可进行产品发布。利用国际平台发布广告时需要注意以下问题。

1. 产品名称必须准确

产品名称是客户搜索的主要依据，如果发布的名称不准确或有错误，则很有可能出现搜索不到的情况。例如曾有一个外贸企业，将其销售的轮胎阀门命名为“cap monitor”，最终按照这个名称搜索出来的产品根本不是该企业展示的产品，而其准确的名称应为“tire valve”。因此，为了保证名称的准确性，在发布广告之前可以用一些小工具对名称进行检测，无误之后再进行发布。

2. 专业全面的产品描述

产品命名准确仅仅只是产品发布的基础，而产品描述的专业性和细致程度才是能否吸引客户的关键。产品描述只有足够详尽和专业，将优势和特性全面表达出来，才能激起买家的采购兴趣而进一步询盘。

3. 美观的产品图片

产品图片给客户带来的感受是最直观的，清晰、完整和美观的产品图片能为外贸企业带来更多的买家询盘。

CHAPTER02

# 第 2 章

# 合理报价，顺利签约

报价和签约看似是简简单单的两个词，但其中包含的专业性却很强，涉及的细枝末节也很多。只有做好价格之间的博弈，才有可能达成最终合作。报价和合约的反复磋商不仅考验着企业和个人的专业能力，还对其思维的细致度和周密度有着较高的要求。

2.1

# 报价：走好外贸的第一步

产品是交易的标的，而价格是决定能否达成交易的关键因素之一。价格往往不是一锤子买卖，而是在买卖双方不断地讨价还价过程中最终确立的。对于外贸企业和外贸人员来说，报价也并非单纯地给出一个价格，而应考虑方方面面的因素，报价也不是报完即止，还要懂得怎样灵活应对客户的还价。

## 2.1.1 不同贸易术语间价格如何换算

要懂得报价和应对还价，就要熟练掌握不同的报价方式以及他们之间的价格换算，否则将不能按照客户要求的方式进行报价，也不能对客户的还价给予及时有效的回应。

在我国的进出口业务中，最常采用的贸易术语有 6 种，这 6 种贸易术语又可以分为两大类：第一类是 FOB、CFR 和 CIF，仅适用于海上或内河运输。在价格构成中，通常包括 3 方面的内容：生产或采购成本、各种费用和净利润。

第二类是 FCA、CPT 和 CIP，是国际商会为适应国际贸易的新发展而制定的贸易术语，适用于各种类型的运输方式，用途比第一类广，其价格构成也包括生产或采购成本、各种费用和净利润 3 个方面的内容。

以上 6 种贸易术语的价格构成的细分项目有所差异，且贸易术语之间的价格换算也不相同，具体如下。

1.FOB、CFR 和 CIF 的价格构成及换算

价格构成：

FOB 价＝生产 / 采购成本价 + 国内费用 + 净利润

CFR 价＝生产 / 采购成本价 + 国内费用 + 国外运费 + 净利润

CIF 价＝生产 / 采购成本价 + 国内费用 + 国外运费 + 国外保险费 + 净利润

价格换算：

（1）FOB 价换算为其他价

CFR 价＝ FOB 价 + 国外运费

CIF 价＝（FOB 价 + 国外运费）/（1− 投保加成 × 保险费率）

（2）CFR 价换算为其他价

FOB 价＝ CFR 价 − 国外运费 CIF 价＝ CFR 价 /（1− 投保加成 × 保险费率）

（3）CIF 价换算为其他价

FOB 价＝ CIF 价 ×（1− 投保加成 × 保险费率）− 国外运费

CFR 价＝ CIF 价 ×（1− 投保加成 × 保险费率）

2.FCA、CPT 和 CIP 的价格构成及换算

价格构成：

FCA 价＝生产 / 采购成本价 + 国内费用 + 净利润

CPT 价 ＝ 生产 / 采购成本价 + 国内费用 + 国外运费 + 净利润

CIP 价＝生产 / 采购成本价 + 国内运费 + 国外运费 + 国外保险费 + 净利润

价格换算：

（1）FCA 价换算为其他价

CPT 价＝FCA 价＋国外运费

CIP 价＝（FCA 价＋国外运费）/（1－投保加成 × 保险费率）

（2）CPT 价换算为其他价

FCA 价＝CPT 价－国外运费

CIP 价＝CPT 价 /（1－投保加成 × 保险费率）

（3）CIP 价换算为其他价

FCA 价＝CIP 价 ×（1－投保加成 × 保险费率）－国外运费

CPT 价＝CIP 价 ×（1－投保加成 × 保险费率）

### 2.1.2　报价需要选择外汇牌价及银行汇率

外贸涉及的客户为国外客户，报价中使用的价格也多为外币价格，因此会涉及选择何种外汇牌价进行报价的问题。

选择外汇牌价的前提是要看懂外汇牌价。目前，银行外汇牌价主要有 4 个价格，分别为：现汇买入价、卖出价、中间价和现钞买入价，具体如下。

（1）**现汇买入价**。也称汇买价，指银行买入外汇的价格。

（2）**外汇卖出价**。也称卖出汇率，指银行卖出外汇时使用的汇率。

（3）**中间价**。是现汇买入价和卖出价的平均价。

（4）**现钞买入价**。指银行买入外币现钞、客户卖出外币现钞的价格。或者说是银行买入外币现钞所使用的汇率。

一般情况下：现汇卖出价 > 现汇买入价 > 现钞买入价。

外汇汇率时刻都在发生变化。因此，外贸人员需要对外汇牌价进行实时查询，以保证其准确性和有效性。查询的方式有很多，这里主要介绍一下通过银行网站查询的方式，以中国银行为例，首先进入中国银行金融市场外汇牌价官网（http://www.boc.cn/sourcedb/whpj/），然后会看到如图 2-1 所示的页面。

中国银行外汇牌价

打印

起始时间：　结束时间：　牌价选择：选择货币　【关于远离违法违规外汇交易的风险提示】

| 货币名称 | 现汇买入价 | 现钞买入价 | 现汇卖出价 | 现钞卖出价 | 中行折算价 | 发布日期 | 发布时间 |
|---|---|---|---|---|---|---|---|
| 阿联酋迪拉姆 | | 185.66 | | 199.45 | 192.52 | 2020-07-01 | 14:10:17 |
| 澳大利亚元 | 485.53 | 470.45 | 489.1 | 491.27 | 488 | 2020-07-01 | 14:10:17 |
| 巴西里亚尔 | | 124.19 | | 141 | 129.34 | 2020-07-01 | 14:10:17 |
| 加拿大元 | 518.53 | 502.16 | 522.36 | 524.66 | 520.89 | 2020-07-01 | 14:10:17 |
| 瑞士法郎 | 743.72 | 720.77 | 748.94 | 752.15 | 746.55 | 2020-07-01 | 14:10:17 |
| 丹麦克朗 | 106 | 102.73 | 106.86 | 107.37 | 106.58 | 2020-07-01 | 14:10:17 |
| 欧元 | 790.6 | 766.03 | 796.43 | 798.99 | 794.3 | 2020-07-01 | 14:10:17 |
| 英镑 | 871.25 | 844.18 | 877.67 | 881.55 | 876.03 | 2020-07-01 | 14:10:17 |

图 2-1

从图中可以看出，在该界面中，外贸人员可以自由选择查询的币种、起始和结束日期。操作简便，结果清晰。

除此之外，还有一些查询外汇牌价的方式，包括外汇基金交易软件和一些外汇网站等，如和讯外汇。

在实际运用中，主要涉及的汇率价格是“现汇买入价”和“现汇卖出价”，针对对外进口和出口两类不同的交易方向，报价折算的方法也不相同。下面主要通过具体实例来讲解。

某外贸企业某商品的底价为 10 万元人民币，报价后客户要求将该价格改为美元报价，当天的人民币兑美元的外汇牌价为：现汇买入价 7.0500，现汇卖出价 7.0796。

①当该交易为出口交易时。此时，因为是出口商品，企业收到外汇，因此应以现汇买入价进行折算，即：

该商品的美元报价 =100 000 ÷ 7.0500 ≈ 14 184.40 美元

②当该交易为进口交易时。此时，因为是进口商品，企业支付外汇，因此应以现汇卖出价进行折算，即：

该商品的美元报价 =100 000 ÷ 7.0796 ≈ 14 125.09 美元

当所要折算的外币为美元之外的其他货币时，按照上述的外汇牌价查询方式查询牌价之后按照案例中的方式计算即可。

### 2.1.3 报价也需要谈判

生意都是“谈”出来的，报价的过程往往不是一蹴而就的，需要外贸人员和客户不停地磋商、交换意见以及相互退让和妥协，最终找到一个双方都能接受的价格平衡点。

外贸人员和客户对报价产生分歧的根本原因是两者对于价格预期的不一致，通常表现为客户觉得企业或外贸人员的报价过高，或企业及外贸人员觉得客户给的还价太低，导致企业和个人无利可图。

应对压价的客户对外贸人员来说不是一件容易的事情，因为这涉及客户的根本利益，想要其作出妥协比较困难，所以这就对外贸人员能力的要求更高。

那么在日常的对外贸易中遇到想要压价的客户，外贸人员可以通过怎样的谈判和技巧，在确保企业和个人利益的同时又能让客户接受报价呢？可以从以下 3 个方面着手。

◆ 最低订货量 + 低价，否则高价

在报价时，若客户觉得价格过高，要求降价，那么外贸人员可以在报价单上附加一项最低订货量的内容，与客户约定，若其订货量能达到某个较大数值，则可以给予其想要的价格，否则的话就按报价数额出售给客户。

这样既给了客户台阶，也不会对企业造成损失，若客户答应增加订货量至约定数量，将会给企业和个人带来较大的销售量增长，足以弥补价格上的让步，而且这还挖掘了客户的内在需求，对企业和个人来说都是一举两得的做法。

◆ 如何应对用其他供应商压价的客户

在实际交易中，常常会遇到这样一种情况：客户表示某某供应商给的价格更低，如果企业或个人不同意降价，就会与该供应商进行合作。

针对这种情况，通常可以用两种思路来解决：

一是报价人员要充分了解该类商品的市场整体价格水平，以及主要竞争对手的价格水平，在客户提出其他供应商的价格更低时，可以有理有据地给予反驳，告知客户不可能有任何供应商的价格会与市场价格差太远，如果客户所说价格过低，那么该价格的真实性就不能保证。

二是有条件地肯定客户，可以这样回应客户："您所说的价格我们也能接受，也能提供这样的产品，但是这个价格的商品质量没法跟您保证，当时也是考虑到比起价格您肯定更注重质量，所以也就没提价格较低但质量也较差的这类商品。"通过这种方式回应客户之后，大部分客户都会更能接受企业或个人报出的价格。

◆ 遇到难缠的客户怎么办

以上两种方式可以解决大部分的客户压价问题，但还有一些比较难缠的客户，一心只想拿低价，往往最难应付。付于这类客户，可以采取摊牌的策略，向客户明确表明能够接受的价格以及其对应的服务内容，向客户适当展示强硬的一面。对于有利可图的价格，可以接受并要求客户签订较长期限的合约；对于过低且客户不愿再提高的价格，放弃并寻找其他业务机会也未尝不是一个明智的选择。

## 2.1.4 报价计算方法和成本陷阱

通过前面的内容我们知道，不同的报价方式涉及的费用明细不同，其计算方法也就不同，外贸人员报价时不仅要注意区分报价方式，价格计算还应全面准确，避免遗漏或掉入陷阱。

实际对外贸易中，最常用的贸易方式为 FOB、CFR 和 CIF 3 种，而一类商品的报价往往与产品成本、运费、报关费、包装费、佣金、预计利润、保险费率和出口退税率等多个项目有关，核算起来比较复杂，下面主要通过案例来进行实际讲解。

国内某外贸企业拟对国外某企业出口一批运动鞋，每双运动鞋进货成本为 100 元人民币（假设增值税仍为 13%），出口数量为 5 400 双，进货总金额为 540 000 元，出口包装费为每双 3 元，国内运费 12 000 元，出口商检费 350 元，报关费 150 元，港区港杂费 900 元，其他费用共计 1 500 元，该外贸企业向银行申请了期限为两个月、年利率为 4.35% 的贷款，银行手续费为 0.5%（按成交价计算）。运动鞋的退税率为 13%，海运费为 3 800 美元，客户要求按成交价的 110% 投保，保险费率 0.85%，并在成交价中包含 3% 的佣金，若该外贸企业的预期利润为 10%，人民币兑美元的汇率为 7.0654 ： 1，则每双运动鞋的 FOB、CFR 和 CIF 报价应分别为多少?

①运动鞋的实际成本 = 进货成本 − 退税金额 = 进货成本 −[ 进货成本 /（1+ 增值税率）× 退税率 ]=100−[100 /（1+13%）×13%]=88.50 元 / 双

②国内费用 = 包装费 + 运杂费 + 商检费 + 报关费 + 港区港杂费 + 其他费用 + 进货金额 × 贷款利率 /12× 贷款期限 =3×5 400+12 000+350+150+900+1 500+540 000×4.35%/12×2=16 200+12 000+2 900+3 915=35 015 元

每双运动鞋的国内费用 =35 015/5 400 ≈ 6.48 元 / 双

③银行手续费 = 报价 ×0.5%

④客户佣金 = 报价 ×3%

⑤出口运费 =3 800/5 400×7.065 4 ≈ 4.97 元 / 双

⑥出口保险费 = 报价 ×110%×0.85%

⑦利润 = 报价 ×10%

则 FOB 报价＝生产 / 采购成本价 + 国内费用 + 净利润 =88.50+6.48+FOB 报价 ×10%

合并计算各类费用得：

FOB 报价 =105.5 元人民币≈ 14.93 美元

CFR 价 = 生产 / 采购成本价 + 国内费用 + 国外运费 + 净利润 =88.50+6.48+4.97+CFR 价 ×10%

合并计算各类费用得：

CFR 报价 =111 元人民币≈ 15.71 美元

CIF 报价 = 生产 / 采购成本价 + 国内费用 + 国外运费 + 国外保险费 + 净利润 =88.50+6.48+4.97+CIF 报价 ×110%×0.85%+CIF 报价 ×10%

合并计算各类费用得：

CIF报价=112.2元人民币≈15.88美元

因此，该外贸企业的FOB、CFR和CIF报价应分别为14.93美元、15.71美元、15.88美元。可以看出，构成报价的要素项目越多，价格也就越高。

外贸人员除了要懂得外贸报价的计算方法之外，还应注意报价过程中可能出现的成本陷阱。这主要是指在价格核算过程中忽视了一些隐藏的成本，导致按照报价成交会造成损失。这一问题尤其会给那些交易量较小以及利润较低的商品带来较大的损失。

隐藏成本主要有两类，一类是银行费用，另一类是码头费用。国外客户汇进的款项，付款行和收款行一般都会收取相应的手续费，这就可能导致客户本来汇的是5 000美元，但到企业或个人账户上时却变成了4 900美元，而此时如果预期利润为2%，那利润就完全被银行费用抵消了。

因此，为了避免这种情况，在进行报价核算的时候就应该将该费用考虑进去，这样计算出的报价才会更准确，对企业和个人才更有利。

预算外的码头费用也较为复杂，常常约定不清是由发货企业还是由收货企业来支付。一般来说，在FOB条件下，由进口方负责订舱，CFR和CIF条件下则由出口商订舱，而接受订舱的货运公司往往将费用转嫁给订舱公司。

因此，出口企业在操作FOB时，若是初次合作的货运公司，应该事先核对费用，若发现费用分担不公，应联系客户进行协商调整。

### 2.1.5　制作一个报价单，让报价更专业

确定外贸交易双方都愿意接受的价格是报价的核心，在这之后还需要一个承载价格的载体，报价需要以规范和专业的形式表现出来，这时外贸人员就需要制作一个报价单。

一份完整的外贸报价单包括头部、商品信息、价格条款和其他与商品及交易有关的信息，每部分内容具体如下。

1. 报价单的头部

报价单的头部一般用于记载买卖双方的信息，包括外贸企业基本资料，如公司标志、公司名称、地址、联系方式、邮箱、网址和联系人名称等；国外出口方或进口方基本资料，如公司标志、公司名称、地址、联系方式、邮箱、网址和联系人名称；报价单抬头，如报价单标题、参考编号、报价日期和有效日期等。

2. 交易商品信息

包括商品的基本资料和技术资料两个方面，其中基本资料包括序号、货号、型号、产品名称、产品图片、产品描述、原材料、规格、尺寸、长度、宽度高度形状和外观颜色等；技术资料主要包括商品的用途和范围、使用寿命及加工工艺、防护性能类产品的技术参数等。

3. 价格条款

价格条款主要是记载贸易方式、装运港，目的港、货币种类、汇率、单位价格和货币单位等内容。如 FOB DaLian Port USD7.0654USD/PCS, 表示大连装运港船上交货，单价 7.0654 美元 / 支（汇率：1 美元≈ 7.0654 元）。在不同报价

方式下，价格条款中的各部分内容对应的责任方不同，主要有以下区别。

（1）FOB 报价。交货地点：装运港；运输：买方负责；保险：买方负责；出口手续：卖方负责；进口手续：买方负责；风险转移：装运港船舷；所有权转移：随交单转移。即买方负责租船订舱、到付运费、办理和支付保险。

（2）CIF 报价。交货地点：装运港；运输：卖方负责；保险：卖方负责；出口手续：卖方负责；进口手续：卖方负责；风险转移：装运港船舷；所有权转移：随交单转移。即卖方负责租船订舱、预付运费、办理和支付保险。

（3）CFR 报价。交货地点：装运港；运输：卖方负责；保险：买方负责；出口手续：卖方负责；进口手续：买方负责；风险转移：装运港船舷；所有权转移：随交单转移。即卖方负责租船订舱、预付运费、买方负责办理和支付保险。

4. 商品其他信息

主要包括商品的数量、质量检验证明、货款支付方式和交货期限等内容。有关报价的注意事项也可在报价单最后注明。报价单样式如图 2-2 所示。

| Quotation | |
|---|---|
| Quote number: | Quote date: |
| From: | To: |
| Suplier: | Buyer: |
| Post code: | Post code: |
| Contacts: | Contacts: |
| Telephone: | Telephone: |
| Fax: | Fax: |
| adress: | adress: |
| Web: | Web: |
| | |
| Payment Term: | |
| Packaging: | |
| Insurance: | |
| Delivery Time: | |
| Port of Loading: | |
| Port of Unloading: | |
| Quality Guarantee: | |
| After-sale Service: | |
| Quotation Valid By: | |
| Special Requirements: | |

图 2-2

2.2

# 签约：为双方交易赋予法律保障

当外贸双方就交易价格达成一致后，就可进行交易合约的商议和签订。签约是让双方协商的内容以正式的文字和规范的形式加以确定，附之以法律上的效力，保护进出口双方的合法权利，以避免不必要的损失。

## 2.2.1　一份完整的合约要有哪些要件

内容完整、描述准确和格式规范是一份合同的基本要求，否则会引起合同瑕疵，容易引起双方纠纷。因此对于外贸人员来说，不论是拟定企业和个人交易的外贸合同，还是审核对方拟定的交易合同，都要先了解外贸合同的必备要素有哪些。

对外贸易合同又称为国际贸易合同，内容要点如下所示。

（1）合同对象。合同对象即合同的双方，一般会写明双方的公司名称或个人姓名、地址和联系方式。

（2）商品信息。包括交易单价、交易数量、交易总金额、生产厂家、包装类型、装运标记、装运港口、装运日期、卸货港口、保险公司名称和投保责任人等。

（3）支付方式和条件。指该笔交易具体采用哪种货币形式和货款支付方式，以及该支付方式下需要怎样的支付条件，需要提供哪些资料。

（4）保证和索赔。主要是供货方对于商品质量的保证，以及发生商品损坏时相应的索赔事项和索赔责任界定方式。

（5）不可抗力条款。这一条款内容主要是约定合同双方任何一方发生不可抗力的情况，如火灾、自然灾害、战争、各种军事行动、封锁、禁止进出口或不以双方意志为转移的其他情况，使本合同全部或部分义务无法履行时，履行本合同义务的期限可相应推迟，在此期间合同义务仍然有效。

（6）延迟交货和罚款。若买方不能按时交货时，应给予买方相应的罚款。我国相关法律规定，罚款应不超过延迟交货的货物总值的 5%，罚款率每 7 天为 0.5%，不足 7 天的天数应按 7 天计算。若卖方在本合同规定的装运时间内延迟 10 个星期仍然不能交货，则买方有权取消本合同，尽管合同已取消，卖方仍然应毫不延迟地支付上述罚款给买方。

（7）仲裁。一般样式为“凡因执行本协议或有关本协议所发生的一切争执，双方应以友好协商解决。如果协商不能获得解决，应提交 ×× 仲裁委员会，根据该会的仲裁程序、暂行规定进行仲裁。仲裁裁决是终局的，对双方都有约束力，仲裁费用由败诉方负担。”

（8）其他事项。若双方除了以上要素以外，还有需要列明的事项，则可以在以上内容后继续一一列出。

（9）双方签字盖章。在合同正文内容结束以后，应在最后签上双方的名字，若为企业的，还应加盖企业的公章。最后注明合同的日期。

### 2.2.2 维护自身权利，从合同审核开始

当对方发来合同，外贸人员一定要进行全面专业的审核，合同一旦确认签字之后，就将产生法律效力，若因为审核不当导致本单位或个人权益受损，可能会给企业巨大的损失，也会给企业带来不可预估的风险。

外贸合同的审核有宏观和微观两个方面，主要可以从以下角度来具体审核。

◆ 合同主体是否合法

合同主体指的是合同双方当事人，一份合同合法的前提是合同双方均有签订合同的资格。因此在进行合同审核时首先要查看对方的主体资格是否合法。若对方为企业的，那么应该是经相关部门审核批准的企业法人或个体工商户；对方为个人的，那么应该是具有法律规定的民事行为能力和民事权利。

若为代签合同的，还应审核委托授权证明的授权范围、具体事项和授权有效期限等，超出授权期限的行为一律无效。

◆ 确定贸易术语理解一致

在外贸合同中会涉及一些外贸专用术语，若双方理解不一致，则可能导致合同履行出现问题。因此，在审核合同时，应注意合同内容中是否明确说明了相关贸易术语的出处或对其作出了规范的解释。若无，则应要求对方增加该项内容，或者以其他方式与对方约定清楚。否则，没有确定就盲目签订合约可能会让自己处于不利地位。

比如针对交货期和装运期这两个术语，一般来说，在 FOB 和 CIF 报价下，国际商会对于这两个概念的解释是一样的，但在实际交易合约中，买方经常会自行约定另外的交货期，这就突破了原来的贸易术语的商品风险转移点和时间限制，卖方只有在规定的时间内交货，才算完成了合同。将交货期和装运期分

开，这就人为地增加了卖方的交货风险，使卖方企业或个人处于不利地位。

◆ 保险条款是否具体明确

对外贸易常常用保险的方式来转移交易风险，但不同的交易其投保方式和投保主体不一样。因此，在审核合同时，一定要确认合同内容是否明确指出了投保责任人、保险公司名称、保险类别、保险条款、保险金额确定方式、保费由谁承担以及需要提供的保险凭证等。若以上内容未在合同中列出，那么企业和个人应该与对方确认清楚之后再将其加入合同条款，以避免未来可能发生的纠纷。

◆ 商品检验事项约定是否全面合理

检验事项的审核主要是审核检验机构的真实性和合法性，若合同中明确约定了商品检验机构，那么企业和个人一定要对该机构的真实性进行核实，若存在，还应进一步核实其是否具有进出口商品检验的资格。除此之外，还应对检验时间和地点的合理性进行审核，看检验是否在商品出库以及运输之前进行，是否取得了相关的检验证书。

◆ 违约和索赔条款是否公平

外贸合同中的违约事项和索赔条款一般会占用较大篇幅，是双方权利义务最集中的体现，直接关系双方利益。

在审核这两部分内容时，应重点查看违约事项判断标准是否明确，是否存在理解上的歧义。外贸人员需要知道，违约责任的界定必须是明确可操作的，一种行为对应一种结果，保证所有人理解一致。

索赔条款的审核主要是看索赔事项是否与违约事项一一对应，且索赔金额是否在前述范围之内，索赔条款不明确或金额过大的索赔条款都应该进行否定，与对方协商一致后重新拟定。

### 2.2.3　识别合同欺诈和陷阱，规避合同风险

任何交易都是风险和收益并存的，外贸交易中有的风险不可控，比如政策因素、汇率变动和供求关系变化等。但有的风险却可以通过个人和企业某些有意识的行为来进行规避，比如合同风险。

大部分的合同风险都是由于没有准确识别合同陷阱而导致的。因此，若要对其进行防范，那就必须从源头做起，识破陷阱，将风险扼杀在萌芽状态。常见的外贸合同陷阱有如下 3 种。

◆ 商品质量陷阱

这主要是针对进口企业和个人而言的，某些出口商为了将自己的风险降至最低，实现收益最大化，与国内进口企业或个人订立合同时会采用只约定交易商品数量而故意忽略商品质量的方式，对其出口商品的质量达不到约定要求不进行索赔或约定降价条款，这样一旦进口企业或个人签订了合同，若交易商品质量不合格，就将承担较大的损失。

对此，进口企业或个人在签订进口合同时，一定要让对方在合同条款中约定清楚商品质量检验事项和判断指标，并明确约定商品质量不达标情况下的履约方式或赔偿责任。

◆ 合同对方的资信陷阱

对外贸易交易对象类型多种多样。因此，不管是对于老客户，还是新客户，合同签订前都应对其资信状况进行充分调查。

有的外贸企业和人员认为，老客户不用再那么谨慎地进行调查，这种想法恰恰容易引发自身风险。对于老客户，虽然有一定的合作基础，但是其状况是不断变化的，在每次合作的间隔期内，其公司或个人状况有可能发生了巨大变

化，可能经营不善产生负债，甚至可能面临破产，此时，若忽略了资信调查，那么很可能会导致企业或个人血本无归。而新客户的资信调查，也可以为双方交易加道安全锁。

◆ 发合同后客户要求变更付款方式

在实际交易中，外贸人员可能会遇到这样一种情况，在协商过程中客户承诺全额付款以降低商品价格，但当出口企业或个人答应客户条件，进行降价并将合同发给客户后，客户又会给出很多借口，表示只能先给 20% 或 30% 的预付款而不进行全额付款。这一般是客户为了压价而假意作出全额付款的承诺，外贸人员一定要灵活应对，若客户坚持更改支付方式，那么也应该同时取消其因全额付款享有的价格优惠，提高约定价格，以规避自身风险。

### 2.2.4 谨慎签订 FOB 条款

FOB 是指卖方负责备好货、装船、出口清关、凭单交货、越过船舷前的费用及风险，买方负责租船订舱、投保、办理进口清关手续、付款赎单接货、负责越过船舷后的费用及风险。在该方式下，货物在装运港被装上指定船只时，风险就由卖方转移到了买方。

因此，对于进出口企业来说，若合约中约定的方式为 FOB，则外贸双方都将面临一定的风险，主要体现在以下方面。

（1）由买方企业指定船公司或承担货运代理引发的运输风险及单据结汇风险。

（2）商品的实际控制权不易被掌握。在 FOB 下，商品的提单并不一定在卖方手中，因此卖方发货以后，却无法获得提单，就会造成极大的风险，此时若买方不断寻求信用证中的不符合点而进行退单或拒付，那么卖方可能最终会面临钱货两空的损失。

（3）船货衔接不到位。在 FOB 条款下，因为由买方租船订舱，而货又在卖方，此时，若卖方未及时备货及装船，而买方按期派船，则卖方应承担所产生的空舱费、滞期费；相反，若因买方派的船只提前或延迟到达，此时产生的费用则由买方负责。

（4）出口商面临从出口货物起运地到船舷的风险。在 FOB 条款下，货物的保险由境外买家负责，因此大多数出口企业都认为无须为货物投保，但 FOB 条款下的保险范围仅仅为货物过船舷后的货物风险，因此货物若在过船舷之前发生灭失或损坏，那么相关损失就完全由出口企业自己承担。

针对以上 FOB 下进出口双方可能存在的风险，可以从以下 5 个方面来进行规避。

（1）出口企业应尽量选择在我国注册的货运代理公司。应与货运代理公司签订详细的合同，明确约定其在订舱、订船相关运输事宜中的权利和义务。在货代公司取得海运提单后，出口企业可以要求其将海运提单交出，以防国外进口方没有按约付款时，可以利用海运提单处理货物，尽量减少损失。

（2）适当投保信用保险。出口信用保险是我国针对出口企业的多种风险提供的政策性保险品种，出口企业可以适当投保，以较小的成本防范交易风险。需要注意的是，当发生合同约定的风险事项时，出口企业应严格按照保险合同约定条款进行相应处理，否则可能会造成出口保险公司不予理赔。

（3）要求在提单上注明出口企业名称。FOB 下出口企业因缺乏商品控制权可能面临钱货两空的风险，所以，在交易中，除了境外进口方全额付清所有货款以外，出口企业都应要求在提单上的托运人一栏中填上自己的名称，而非境外进口方的名称。这样若碰到不利情况，出口企业可以借此采取相应的补救措施。

（4）为商品进行投保。为避免货物从仓库到船舷的风险，出口企业应对货物进行投保。如果是委托货运代理公司进行运输的，应选择有赔偿实力的货运代理公司，并与之签订货物运输合同。

（5）用C类价格条款替代FOB。可以使用如CFR和CIF等替代FOB，这种做法虽然会增加出口商运输费用和保险费率变动的风险，但可以极大地降低运输商品的风险，同商品本身的价值相比，运输费用和保险费率变动的金额小得多。

CHAPTER03

# 第3章

# 不同情况下的备货差异

合约签订之后接下来就是合约的履行，也就是交易行为的正式开展，其中交易的首要步骤是准备交易标的，即备货。不同规模、经营方式和类型的外贸主体，对货物的需求不同，从而导致其货物来源方式的差异，而货物来源方式又最终决定备货方式。

3.1

# 自产自销模式下如何备货

一些实力雄厚且业务量大的外贸企业，由于商品需求量很大，从外部获取大量商品比较困难，消耗的时间和资金成本较多，所以一般会选择自建生产企业或部门的方式来保证充足的商品供应量。

## 3.1.1 备货通知单

对于自产自销的出口企业来说，不用考虑生产商的选择问题，备货的重点和难点仅仅在于怎样进行内部相关生产安排以及如何控制生产进度和质量。

生产安排是备货的第一环节，安排并不是简单地将任务告知给生产部门或其责任人就可以，还应将生产商品的具体类型、名称、规格、材质、数量以及生产截止日期等要素一一列出，以便生产部门有针对性地进行安排。

生产安排一般会以备货通知单的形式做出，其样式见表 3-1。

**表 3-1 备货通知单**

| 单号： | 日期： |
|---|---|
| 备货属性 | □ 客户订单　　□ 无客户订单，风险备货<br>备货风险说明： |

续上表

<table>
<tr><td>产品名称</td><td>规格型号</td><td>数量</td><td>单位</td><td>需求日期</td><td>销售订单号</td><td>备注</td></tr>
<tr><td></td><td></td><td></td><td></td><td></td><td></td><td></td></tr>
<tr><td></td><td></td><td></td><td></td><td></td><td></td><td></td></tr>
<tr><td rowspan="4">发货信息</td><td colspan="6">发货方式：☐海运　☐空运　☐铁路运输　☐其他</td></tr>
<tr><td>客户名称：</td><td></td><td></td><td></td><td></td><td></td></tr>
<tr><td colspan="6">收货人及联系方式：</td></tr>
<tr><td colspan="6">收货地址：</td></tr>
<tr><td colspan="7">审核意见：</td></tr>
<tr><td colspan="4">经办人及日期：</td><td colspan="3">审核人及日期：</td></tr>
</table>

备货通知单有时也被称为生产通知单，其样式根据不同企业的需要可能会有些许差异，相关外贸人员在下达备货通知过程中需要注意以下 4 个问题。

- ◆ 备货通知应在合约签订后第一时间进行。
- ◆ 备货通知单的使用应遵循一个客户一份通知单的原则，或同一商品一份通知单的原则。
- ◆ 同一客户有多笔订单，且订单并非同时达成的，应分别填写备货通知单，以保证产品生产的及时性。
- ◆ 备货通知单发出后，外贸人员应确保生产部门或相关生产人员已对生产事项有了充分了解。

### 3.1.2　材料采购是生产的物质基础

“巧妇难为无米之炊”，没有原材料，生产部门就无法进行任何商品的生产。因此，在生产部门接到外贸人员的备货通知以后，首先要考虑的就是企业或部门是否有足够的原材料来支撑商品生产。

生产部门在核实原材料储备状况时，一般会出现两种情况：一是企业有充足的原材料支持生产；二是企业缺乏生产原材料，需要进行对外采购。对于这两种情况，生产部门的具体实施流程是不一样的。

当企业现有原材料能够满足备货需求时，生产部门只需按照相关流程向企业的原材料采购或管理仓库发出领取申请即可，流程一般如下。

- 生产部门根据备货通知单制订领料计划或填写企业统一制定的领料通知单。
- 仓库保管员或其他相关责任人员确认并核实领料单。
- 确认无误后生产部门进行正式领料。
- 仓库保管员或其他相关责任人对该领料事项进行登记。

外贸企业的领料通知单样式见表3-2。

表3-2 领料单

| 日期 | 原材料名称 | 型号 | 重量 | 领用人 | 用途 |
| --- | --- | --- | --- | --- | --- |
| | | | | | |
| | | | | | |

若外贸企业对原材料申领有某些特殊要素要求，可对表中各要素进行相应增减。

当企业现有原材料不能满足备货需要时，要如期进行生产和交易，就必须对外进行原材料采购，这一过程实施起来与第一种情况相比稍显复杂，其流程具体如下。

- ◆ 仓库向采购人员发出缺料通知，通知内容包括所缺原材料存货编码、原材料型号和所需数量。
- ◆ 采购人员对该缺料通知进行审核，审核后生成《采购申请单》报采购部负责人审批。
- ◆ 采购部负责人审批后将所需采购原材料相关内容以订单形式提供给供应商，订单必须注明材料名称、型号、数量、单价、总金额和计划到货日期等信息。
- ◆ 采购人员按计划到货日期进行订单的跟进，确保原材料准时到货。
- ◆ 收货员验收原材料入库，验收前应仔细核对供应商提供的供货单信息是否与企业发出的订单信息一致。
- ◆ 在供货单信息核对无误之后采购人员即可进行材料验收入库。

其中，采购申请单样式见表 3-3。

表 3-3　采购申请单

| 序号 | 日期 | 型号 | 数量 | 单价 | 总价 | 采购原因 | 备注 |
|---|---|---|---|---|---|---|---|
| | | | | | | | |
| | | | | | | | |
| 申请人： | | | 审核人： | | | 审批人： | |

### 3.1.3　进度跟单，生产的过程控制

准备材料只是完成了生产前的基础准备工作，材料是为生产服务的，而生产能否切实有效地进行，直接决定着生产效率，而生产效率又直接影响交易所需商品的数量。

生产进度跟单需要把握的重点如图 3-1 所示。

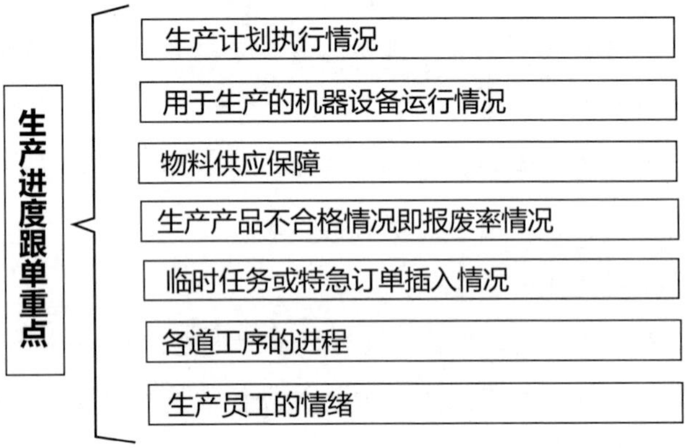


图 3-1

在实际生产过程中，外贸企业一般采用生产进度跟踪表的方式来具体落实进度跟单，跟踪表的样式见表 3-4。

表 3-4　生产进度跟踪表

| | | | | | | | |
|---|---|---|---|---|---|---|---|
| | | | | | | NO. | |
| 产品名称 | | 图号 / 料号 | | 材质要求 | | 外观要求 | |
| 订单号 | | 计划生产数量 | | 计划完成日期 | | 调整完成日期 | |
| 下单日期 | | 实际生产数量 | | 实际完成日期 | | 调整原因 | |
| 所需原材料 | | 申请日期 | | 到料日期 | | 库存原材料 | |
| 生产过程负责人 | | | 生产工序操作人员 | | | | |
| 领料数量 | | 库管员 | | | 领料日期 | | |
| 理论产品数量 | | | 统计人员 | | | | |
| 模具领用时间 | | | | | | | |
| 首件产品合格及确认 | | | | 入库抽检结果及确认 | | | |

续上表

| | | | |
|---|---|---|---|
| 延迟交货原因： | | | |
| 跟踪考核结果 | 合格率： | 完成率： | 及时率： |
| 进度跟踪负责人： | | | |

### 3.1.4　如何跟进质量

质量是商品的灵魂，也是外贸交易能够顺利进行的关键因素之一，高质量的商品总是更容易受到国外进口商的青睐。同时，按时保质交付约定的商品数量是外贸企业信誉的体现，也是交易能够长期持续并不断扩大的基础。

商品质量控制其实就是对整个生产过程涉及的所有要素进行控制，包括生产原材料、生产人员、生产设备以及生产工序等，其控制流程如下。

1. 建立企业内部产品质量管理网络体系

企业需要对影响产品质量的因素进行全面控制，建立一个完整的体系来解决合理安排时间、加强工艺管理、组织好技术检验工作、加强技术指导与培训、加强作业管理、掌握好质量动态和加强不合格品管理等问题。

这就要求该体系必须具有以下职能：在组织生产方面，能合理安排时间，避免工人因长时间加班而疲惫不堪，影响生产；在工艺管理方面，能用严格的工艺纪律来保证生产过程的质量，使产品质量能处于一个稳定可控的状态，同时还能不断更新技术、改进工艺。

在技术检验方面，能根据一定的技术标准，对原材料、在制品、半成品、产成品以至工艺过程的质量进行检验，保证做到不合格的原材料不投产、不合格的在制品不转序，不合格的半成品不使用，不合格的零件不装配，不合格的产成品不出厂，也不计算产值和产量；在技术指导和培训方面，能做到重视生产技术，并不断对生产人员进行业务培训；在作业管理方面，能通过建立和执行检查制度、加强生产现场的巡视，发现问题及时制止并追究责任人的方式来控制生产过程。

在质量动态方面，要建立和健全质量的原始记录，进行综合统计和分析，产品质检员和相关人员要及时做好质检工作；在不合格品方面，应做到事前控制、事后分析并采取改善措施，不断提高产品的质量和合格率。

2. 通过控制生产过程各要素来控制产品质量

“人”是生产过程的第一要素，对产品的质量起决定性作用，产品质量控制首先要从“人”下手。对于生产过程中的不同角色，主要有以下一些控制角度。

（1）生产人员控制。主要是从数量和质量两个维度来进行控制，其中，数量是指进行自产的外贸企业配备的生产人员能够满足产品生产和交易需求；质量是指所任用的生产人员都是经过生产培训或已达到相应人员标准的专业人士。

（2）质检员控制。质检员是进行产品检验的主要人员，其专业程度和职业素质的高低直接影响产品检验结果。因此，外贸企业的质检人员应获取专业资格并能对产品检验结果负责。

（3）生产管理人员控制。生产管理人员应具有管理生产部门和人员以及及时处理生产过程突发事件的能力，同时管理人员应能对整个生产流程进行全局把控。

“工欲善其事，必先利其器”，在工业化时代的今天，机器设备是生产的载体，因此充足的设备数量和良好的质量是保证生产有序进行的前提。否则，连生产任务都不能完成，就更遑论质量控制了。可从以下 3 个方面来控制生产设备质量。

◆ 机器设备是否有明显且明确的标识，如合格证。
◆ 正式生产前，生产人员是否对机器设备进行试用，试用过程发生问题的，应在问题解决后再进行生产。
◆ 生产人员是否熟悉生产设备的构造原理、性能及用途，是否了解其可能发生的故障和保养方法，并按时进行保养。

此外，生产过程中还应通过控制生产工序来控制产品质量。一般来说，外贸商品的生产都是按照一定的图样和操作流程来进行的，生产人员必须严格遵守，不能进行擅自更改，具体来说有如下要求。

◆ 操作流程必须是现行有效的，可通过统一培训或装订成册的方式交由生产人员。
◆ 应对生产对象的技术参数和要求做出具体规定，以保证生产的统一性。

最后，可通过对生产的产品实行定期检查的方式控制质量，对于质量不符的产品，应及时总结分析，不断改进生产方法，提高产品合格率。检查方式主要通过表格记录的方式进行，其样式见表 3-5。

表 3-5　生产产品质量检验单

| 序号 | 日期 | 检查项目 | 检查内容 | 存在的问题 | 检查人 |
|---|---|---|---|---|---|
| | | | | | |
| | | | | | |

## 3.2 外部生产模式下如何备货

对于许多中小型外贸企业、初创企业以及外贸 SOHO 来说，他们一般没有自己的生产企业或工厂，自产的备货方式对他们来说也不适合，因为自产的成本很可能达到甚至超过该笔交易的收益，所以，上述主体常常通过外部渠道来进行备货，既能节省生产成本，又能提高交易效率。

### 3.2.1 备货前怎么筹备资金

大多数中小型外贸企业、初创企业和外贸 SOHO 的资金实力都相对较弱，可用资金也比较有限，因此备货前一般要先进行必要的资金准备。

外贸企业和人员在筹备资金时，主要有以下一些途径。

1. 流动资金贷款

流动资金贷款是企业在生产经营过程中为了满足短期资金需求而向银行申请的贷款，贷款的主体主要是外贸企业。

流动资金贷款按贷款期限分为临时贷款、短期贷款和中期贷款，其中，临时贷款主要是用于企业一次性进货的临时需要和弥补其他季节性支付资金的不足。流动资金贷款期限最长不超过 3 年。

根据《贷款通则》的规定，流动资金贷款的借款人应满足以下条件。

- ◆ 恪守信用，有按期还本付息的能力，原应付贷款利息和到期贷款已清偿。
- ◆ 除自然人之外，应当经工商行政管理机关办理年检手续。
- ◆ 已经开立基本账户或一般存款账户。
- ◆ 除国务院规定外，有限责任公司和股份有限公司对外股本权益性投资累计额不超过净资产的 50%。
- ◆ 资产负债率符合贷款人的要求。
- ◆ 申请中长期贷款的，新建项目的企业法人所有者权益与所需总投资的比例不低于国家规定的投资项目的资本金比例。

满足以上条款的借款人在正式申请贷款时需要提供书面贷款申请及董事会同意申请贷款的决议（如需）；公司章程、营业执照、法人代表证明；企业财务报表；贷款用途证明资料（如购销合同）；有关担保和抵押、质押物资料以及银行认为需要提供的其他资料。同时需要按照以下流程进行流动资金贷款申请。

（1）提出借款申请。借款人向银行提出流动资金贷款申请，并提供企业和担保主体的相关材料。

（2）签署借款合同和相关担保合同。企业的贷款申请经银行审批通过后，银行与企业需要签订所有相关法律性文件。

（3）按照约定条件落实担保并完善担保手续。根据银行相关要求，若企业需要提供担保的，则需进一步落实第三方保证、抵押、质押等具体担保措施，并办妥抵押登记、质押交付（或登记）等有关担保手续，若需办理公证的还须履行公证手续等。

（4）发放贷款。在全部手续办妥后，银行会向企业发放贷款，企业即可按照事先约定的贷款用途合理支配贷款资金。

需要注意的是，流动资金贷款是银行为了满足企业在生产经营过程中的短期资金需求而发放的，因此融资成本较高，审批流程较为复杂且时间较长，外贸企业在选择时应注意这一点。

2. 出口订单融资

出口订单融资，是指在外贸交易中，当采用非信用证方式进行结算时，外贸企业可根据出口商提供的有效贸易订单向银行申请贷款，用于该订单项下货物出口发运前的原材料采购、组织生产和货物运输。同时，以该订单项下的预期收汇款项作为该笔贷款的第一还款来源。

外贸企业申请办理出口订单融资一般需要满足以下条件。

- 与申请银行签订《×× 银行出口订单融资业务总协议》。
- 提交《×× 银行出口订单融资业务申请书》。
- 提供国外采购商的有效订单或买卖合同。
- 若交易商品为国家限制出口的商品，应提交国家有关部门同意出口的证明文件（如有）。

除此之外，出口订单融资的融资比例最高不得超过订单金额（扣除预付款后）的 70%；融资期限（自借款支取之日起到预计的外销货款收到日止）最长不超过 90 天，如需延期，延期期限不得超过 30 天。

### 3.2.2 外部优质货源怎么找

大多数中小型外贸公司和初创公司都没有稳定的货源，备货时都需要不断寻找和对比外部生产厂家，让寻找货源变得繁复。但随着互联网的发展和办公的网络化，寻找外贸货源也变得更加便捷。

目前，互联网是大多数企业和个人寻找货源的主要方式，这类外贸网站很多，下面以百贸网为例来进行介绍。

首先，进入百贸网官网（http://www.baimao.com/），看到如图 3–2 所示的页面。

图 3–2

然后，单击“批发”选项卡，如图 3–3（左）所示，接着单击“厂家 / 个人批发”选项卡，将得到如图 3–3（右）所示的结果。

图 3–3

接着在打开的页面中选择需要备货的商品，以“T 恤”为例，单击“T 恤”

超链接，如图 3-4（左）所示，将会得到如图 3-4（右）所示的结果。

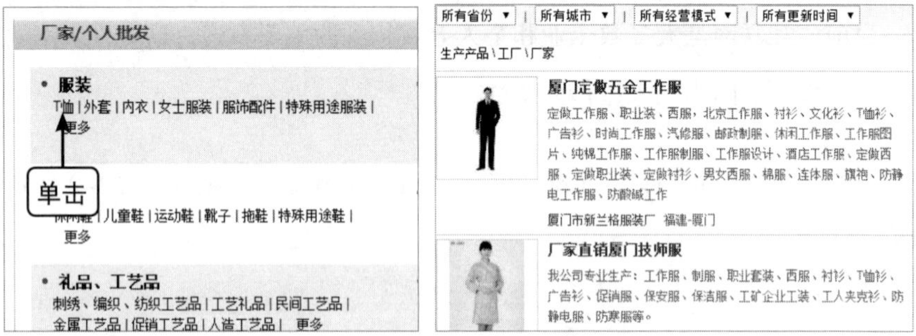


图 3-4

从上图可看出，外贸人员可在图 3-4（右）所示的页面中进行厂家所在省份、城市、经营模式和更新时间的选择，更有针对性地找到合适的货源。

除了百贸网之外，还有许多其他寻找供应商的网络渠道，包括阿里巴巴（https://www.1688.com/）、慧聪网（http://www.hc360.com/）和中国制造网（http://cn.made-in-china.com/）等，外贸企业和外贸人员可根据需要选择。

此外，对于一些资金和人手都比较紧张的外贸 SOHO 来说，还可以采取网上代理别人产品、实地考察一些大型批发市场、在淘宝网（https://www.taobao.com/）上寻找批发或代销卖家、借助 B2B 网站平台及利用周边人际关系等方式来寻找靠谱的厂家。

### 3.2.3 怎么获取最优价格

寻找货源的过程也是一个博弈的过程，中间会涉及价格的谈判，因此在这个过程中寻找的获取货源的厂家不仅要能满足外贸企业所需的商品数量和质量需求，商品价格也要在外贸企业的预算范围之内，否则交易将不会那么顺利。

外贸企业要想以预期价格找到稳定货源，往往需要与厂家不断协商，只有向供货厂家争取到尽量优惠的价格，出口商品所获取的利润才能尽可能得多。掌握一些议价技巧，可以帮助外贸企业和外贸人员更好地获取目标价格。

1. 把握谈判节奏，不要过早亮出底牌

外贸人员获取目标价格的过程就是与工厂进行博弈的过程，如果过早地将底牌亮出来，告诉了工厂或个人商家可以接受的最低价格，那么也就失去了谈判的筹码，放弃了谈判的主动权，将自己置于一个被动的位置。因此，谈判最好的方式是循序渐进，一步步向目标价格靠近，比如当工厂询问外贸人员预期价格是多少时，外贸人员可以巧妙地回避问题，或采取反问的方式询问工厂的最低报价能到多少，化被动为主动。

2. 适时运用差额均摊方法

在价格谈判中经常容易出现这样一种情况：买卖双方坚持自己的最低价格拒不退让，让谈判处于一个僵持的状态。这时外贸人员可以采取一些小的技巧来避免这种情况，比如外贸人员的预期最低价格若为 98 元，而工厂的最低报价为 100 元，此时外贸人员向工厂报价时就可将最低价格报为 96 元，为了表示双方的合作诚意，现实交易中双方就可以采取差额均摊方法，将双方报价的差额平均分配，此时外贸人员就能以预期的 98 元进货。

3. 借力打力，通过第三方实现厂家降价目的

很多时候，外贸企业和外贸人员直接提出降价会引起工厂的反感，此时可以转移目标，利用其他人来达到降价的目的。外贸人员可以这样表述："客户反映最近陆续有其他供应商在降价，报的价格都比之前低了不少。客户现在问我们最新的价格。我看了一下最近的原料价格走向，确实这两天下降了一些。您看是否再核算一下价格，我给客户报过去。如果客户最近正好有订单，我们

就争取拿下来。这么一说，工厂会容易接受一些。”

4. 及时履行承诺，获取厂家信任

外贸企业和供货商之间的信任是双方合作的基础，也是合作不断深入的前提。外贸企业和人员获取厂家信任最直接有效的方式，就是及时付清货款，这是原则性问题，也是信誉的体现。一个能按时按量给付货款的企业，厂家肯定是愿意与之长期合作的，取得了厂家的信任，价格谈判起来就会容易很多。

### 3.2.4 进口方怎么寻找货源

外贸企业出口时需要寻找国内厂家，进行进口贸易时同样也需要寻找国外供货商。进口货源往往比出口货源的寻找更困难，因为它受地域影响更大，过程中所消耗的成本也更多。进口货源由于受地域限制，实地沟通比较困难，成本较高，因此外贸企业在寻找外国供应商的时候更多的是依赖互联网。主要有以下一些方法。

1. 进口国黄页网站

外贸企业所需的不同类型的进口商品可能需要分别从不同国家或地区进口，此时就可利用各国的黄页网站寻找所需产品和供货企业。下面列举部分国家和地区的黄页网站网址，具体见表 3–6。

表 3–6　部分国家和地区的黄页网站网址

| 部分国家和地区 | 黄页网站网址 |
| --- | --- |
| 欧洲 | http://europages.com |
| 英国 | http://yell.com |
| 法国 | http://PagesJaunes.com |
| 意大利 | http://paginegialle.it |

2. 国外 B2B 网站

类似国内的阿里巴巴，国外也有很多 B2B 网站，外贸企业和外贸人员可以通过这些网站直接寻找所需卖家。具体见表 3–7。

表 3–7　国外主要 B2B 网站

| 网站名称 | 网址 | 简要介绍 |
|---|---|---|
| Liquidity Services | http://www.liquidation.com | 美国最大的零售商平台，主要是批发和收尾库存，买卖商家数量庞大，包括服装、电子、计算机和五金等多领域产品 |
| MFG | https://www.mfg.com | 其产品包括机械加工、纺织、工具、模具、铸造、采购、铸造、原型制作等领域 |
| ThomasNet | http://www.thomasnet.com | 托马斯美国工业品供应商平台，包括数控加工、金属冲压、垫片、紧固件和其他工业产品和服务，是北美查找有关工业产品和服务供应商最全面的资源网 |
| Tradekey | www.Tradekey.com | 一体化的网络贸易服务平台，企业可在线建立网上展厅、发布商业机会、主动查询国际专业买家以及进行买卖双方在线询价等 |
| Kompass | https://cn.kompass.com | 企业对企业的网站平台，收录了大量的企业信息，可以用其查询国外相关企业信息 |

## 3.3 外贸产品包装也有大学问

对于外贸企业和外贸人员来说，商品包装是个绝对的技术活儿，尤其是出口商品，不仅在销售包装上作出了一定要求，对于运输包装的标准更是严格。

因此懂得包装并能分辨包装，是外贸人员的必备技能。

### 3.3.1 先给产品做个标签

产品标签即销售包装，是由生产者提供的，用于表明产品名称、产地、质量状况、保存期限、使用说明以及生产者名称和地址等信息的载体。

标签对于商品出口极为关键，没有制作标签或标签不合格的商品会面临被进口国退回的损失，这样轻则会增加国内出口企业的成本，重则会导致交易的彻底失败，给企业带来严重损失。因此，各进行商品出口交易的主体都应对出口产品标签给予足够的重视和了解。

出口产品的标签要求一般是进口国作出的，因此具体要求会因进口国而异，同时，不同商品标签的要求也不相同。

首先，出口商品标签有以下 6 个统一性要求。

- 标识上应有中文标明的产品名称、厂名和厂址，进口产品在国内市场销售，也必须有中文标识。
- 根据产品的特点和使用要求，标签内容应包括产品规格等级以及所含主要成分的名称和含量。
- 必须有产品检验合格证。
- 警示标识或中文警示说明。
- 限期使用的商品要标注有效日期或失效期，包装食品一般都标明生产日期、保质期或保存期，有的标注为 ×× 之前食用，以及保质期内的温度要求。
- 注明所采用的标准代号编号和名称。我国现行标准分 4 级，即国家标准（GB）、行业标准（HB）、地方标准（DB）和企业标准（QB）。

其次，对于某些特殊类别的产品，其标签还有一些特殊的要求。

- ◆ 食品类产品：日本、美国等大多数国家都要求出口的食品类商品的标签包括以下内容：食品名称、配料表、过敏原、净含物、生产厂家地址、保质期、保存条件、食用方法、豁免要求和原产地等。
- ◆ 纺织品类服装：标签需有纤维含量、原产地、维护保养、型号和制造商名称等。此外，某些国家还有其他特殊要求，如美国联邦委员会就要求地毯和床垫等产品需要符合对燃烧性的标识要求；欧盟对纺织品的生态标签作出了规定；加拿大严格限制竹原料的纺织成分标签的使用。
- ◆ 电器产品：电器产品标签要能告知消费者产品使用方法和安全防护要求，必须注明其额定电压或电压范围、电源类型的符号、额定输入功率、制造厂家名称以及型号和规格等信息。此外，许多有安全能效认证的国家还要求加贴安全认证和能效标识信息，如进入欧盟国家的电器产品必须贴上带有“CE 标志”的标签。
- ◆ 玩具产品：玩具标签的侧重点在于突出对玩具使用者的适龄性、警告语以及玩具中含有的危险物质说明，如美国和欧盟都要求对不适用的年龄范围和特殊玩具采用“Warning”警告标志，如图 3-5 所示。

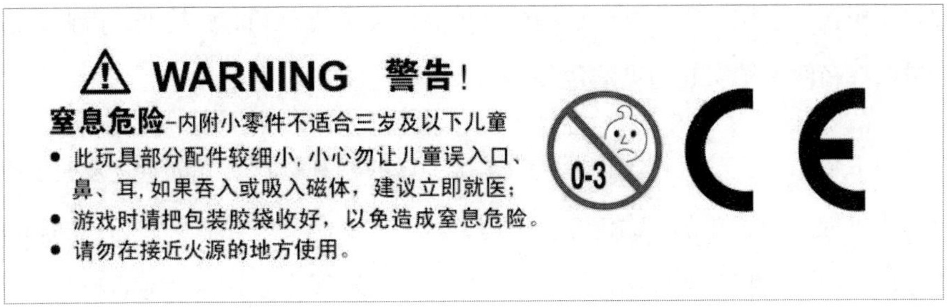


图 3-5

### 3.3.2 出口商品的运输包装

运输包装又称外包装，是为了保护商品，防止在运输过程中发生损坏。对外贸易中的运输条件较为复杂，为了保证出口商品能安全到达，其运输包装必须符合下列条件。

（1）适应商品特性，防止货物发生破损、变质或污染。

（2）适应不同运输方式的要求，如海运包装要求牢固、防挤压和碰撞；铁路运输要求包装防震，而航空运输要求包装轻便等。

（3）必须符合有关国家法律法规的规定和客户的要求，如美国政府规定，凡未经过处理的中国木制包装，一律不准入境；阿拉伯国家规定进口商品的包装禁用六角星图案等。此外，如果客户对包装提出某些特定要求，也要根据需要和可能予以满足。

（4）便于各环节相关人员操作。这就要求包装设计合理，包装规格、重量和体积恰当，包装方法科学，包装标识清楚。

（5）适度包装，在保证包装牢固的前提下节省包装费用。运输包装的重量和体积直接影响运输成本，运输成本越高，交易所获利润就越低，因此，应尽量选择轻便、结实且适度的包装材料。

为了装卸、运输、仓储、检验和交接工作的顺利进行，保证货物及时准确地运交收货人，需要在运输包装上书写、压印或刷制一些标志，作为识别和提醒之用。运输包装上的标志，按其用途可分为运输标志、指示性标志和警告性标志 3 种，其中最重要的是运输标志。

运输标志又被称为唛头，一般由几何图形和一些字母、数字及简单的文字组成，主要内容包括目的地名称或代号、收货人的代号及件号、批号，有的还包括原产地、合同号、许可证号、体积与重量等内容，这主要由买卖双方进行商定。如图 3-6 所示为运输标志的样式和要素说明。

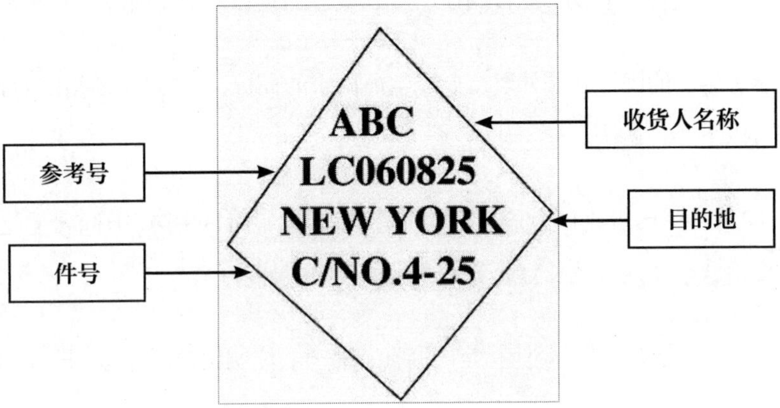


图 3-6

### 3.3.3　中性包装和定牌生产

中性包装是指国内外贸出口企业按国外进口方要求，对出口商品内外均不标明生产国别、地名和厂商名称，也不标明商标或牌号。定牌生产与中性包装相反，是指出口企业按进口方的要求在出口商品包装上标明买方指定的商标和牌号。

中性包装主要是为了满足进口方的要求，进口方可能想通过隐藏商品信息的方式获取尽可能多的利润。

中性包装包括无牌中性包装和有牌中性包装两种类型，无牌中性包装既无生产国别、地名、厂名、也无商标牌号；有牌中性包装无商品生产国别、地名、厂名，但要注明国外商号名称或表示其商号的标记。

中性包装外没有任何信息，因此信息查验比较麻烦，同时需要注意的是，由于各国海关规定的不同，有的国家虽然不反对中性包装，但必须在商品上印上“Made in China”，进口国才会放行，否则出口商品将被退回，这类国家主要有：科威特、埃及、尼日利亚、叙利亚、约旦和孟加拉国等。

定牌生产的牌号并非外贸企业或生产厂家的商标，而是进口商指定的牌号，定牌有以下 3 种做法。

（1）接受国外进口企业指定的商标或牌号，不注明生产国标志。此类方法主要适合合作期限较长且业务需求量较大的国外客户。

（2）接受国外进口企业指定的商标或牌号，注明出口国标志。即注明“中国制造”或“Made in China”字样。

（3）接受国外进口企业指定的商标或牌号，注明生产厂家标志。

外贸企业在接受进口方定牌生产需求时，需要特别注意其指定商标的合法性，对该商标是否存在侵权行为进行核实，为了避免因定牌生产商标存在安全隐患而给企业带来损失，外贸企业在和进口方签订交易合约时可与对方约定“对于定牌生产中买方指定的商标，若被第三者控告侵权，由此造成的所有损失和后果均由买方承担，所有损失也由买方承担”。

### 3.3.4 包装要符合出口国家环保要求

环保重要程度的不断提高对进出口贸易也产生了较大影响，尤其是对于出口贸易来说，很多进口国家对出口商品包装材料的环保要求也越来越高，外贸企业和外贸人员必须对这些要求有充分地了解。

进口国为了保证自身资源和环境的安全，对我国出口商品的包装物做出了禁止入境或进行严格检查的处理方式，所涉及的包装物如下。

1. 稻草

许多国家禁止使用稻草捆扎商品或作为包装的填充材料，例如：美国、菲律宾、新西兰和澳大利亚海关禁止进口商品用稻草包扎、包装或用作包装的辅助、填充材料。英国对采用稻草或其他干草作为进口商品包装衬垫物的，要求事先必须对其进行杀菌、灭虫等预防处理。

2. 木材或竹片

若进口企业所在国家为澳大利亚的，当进口商品包装采用木板箱或托盘时，必须在出口前进行熏蒸处理，出口商还要提供相关证明，否则不准入境；德国禁止以木板箱作进口商品的包装；美国禁止输美商品采用未经熏蒸的木材包装。

3. 麻袋及二手袋

澳大利亚禁止二手袋进入；新西兰严禁将用过的旧麻袋作为进口商品的包装；菲律宾则规定以麻袋包装的货物进港时，必须对麻袋进行熏蒸消毒，并向发货人收取熏蒸费。

4. 聚氯乙烯（PVC）制作的包装材料

德国全面禁用有二次公害的 PVC 收缩包装膜包装产品，因此这种包装的产品在德国将无法卖出去；意大利要求国外出口商不能使用 PVC 片作泡罩包装；奥地利禁止生产、进口或售卖以 PVC 为包装材料的非耐用消费品和儿童用品。

5. 含氯氟烃（$CFC_s$）的泡沫塑料

德国禁止使用由 $CFC_s$ 发泡的聚苯乙烯泡沫体（EPS）制作的包装垫衬或容器；瑞士有关饮料包装的法规规定，只允许使用可重复灌装和可循环使用的包装材料，禁止生产无法循环使用的容器；澳大利亚禁止生产和进口含 $CFC_s$ 的发泡聚苯乙烯（EPS）、聚氨酯（PUC）等产品；新加坡禁止非药用品含有 $CFC_s$，包括禁止输入或制造含有 $CFC_s$ 的包装材料。

因此，外贸企业在进行出口时，一定要注意上述的包装限制，有意识地避免使用受限的包装材料，以保证交易顺利进行。

CHAPTER04

# 第 4 章

# 完成检验才能出关

进出口商品检验是对外贸易的必要环节，也是贸易能继续开展的前提，若这一过程产生问题，将影响整个交易，甚至导致交易无法进行。因此，外贸企业和外贸人员要充分了解有关报检的方方面面的知识，从企业和个人两个维度来为报检工作进行必要的准备，并懂得处理过程中可能出现的相关问题。

# 4.1 有关报检工作的宏观知识

报检是一项较为程序化和体系化的工作，掌握基本的报检工作流程和企业所需做的准备，才能做到有的放矢，顺利完成报检。高效地完成报检不仅可以为外贸企业节约时间，提高效率，同时也是外贸人员个人能力的体现；不仅可以提高客户和领导满意度，在企业内部也将得到更多重视。

## 4.1.1 检验必须完成哪些手续

进出口商品检验是指货物在装运前、运抵目的港或卸货后由双方约定的装运港或装运地的检验机构对货物进行品质、规格、重量、数量、包装、安全性能和卫生方面的指标、装运技术和装运条件的检验。

根据我国有关法律、法规规定，由商检机构或国家指定的监督检验机构对进口商品进行强制性检验。进出口商品检验工作主要有 5 个环节：报检资格认定→报检→抽样→检验→签发证书。

### 1. 报检资格认定

报检单位首次报检时须持本单位营业执照和批准证书办理备案登记手续，因此，首次报检的外贸企业在报检前应首先按以下流程进行企业报检备案登记。

报检分为自理报检和代理报检，自理报检是指向检验检疫部门办理本企业报检业务的对外进出口货物收发货人，包括出口货物的生产、加工单位办理报检业务的企业；代理报检是指接受进出口货物收发货人委托，为委托人向检验检疫部门办理报检业务的境内企业。

初次申请办理备案手续的企业，需要提交的资料包括:《报检企业备案表》，营业执照复印件，证书复印件，《报检人员备案表》及报检人员的身份证复印件，企业的公章印模。使用报检专用章的，应当提交报检专用章印模，出入境快件运营企业应当提交国际快递业务经营许可证复印件。

办理流程如下：首先，申请单位登录中国检验检疫电子业务网（www.eciq.cn），选择报检企业备案登记，填写相关信息。然后，打印并携带《报检企业备案表》和《报检企业信息变更申请表》等相应纸质材料，到当地海关通关大厅办理。最后，工作人员对满足条件的企业打印《报检企业备案表》，完成备案登记。

顺利完成备案报检备案登记的企业即取得了报检资格，可以进行进出口商品的正式报检。

2. 报检

报检即依照国家规定或外贸交易双方合同约定，对所需检验商品向商品检验局申请检验的过程。进行进口商品报检和出口商品报检时，需要分别提交以下的单证。

进口商品报检一般应提供外贸合同、国外发票、提单、装箱单和进口货物到货通知单等有关单证。除此之外，还有以下一些特殊规定。

（1）申请品质、规格和安全检验的，还应提供国外的检验证书、使用说明书以及有关标准和技术资料；凭样成交的，应提交成交样品。

（2）申请重量鉴定的，应提供国外的重量、水分检验证书和重量明细单；申请木材材积鉴定的，应提供国外的材积明细单。

（3）申请残损鉴定、载损鉴定、积载鉴定或海损鉴定的，应提供各程提单，海运散件货物港船交接时的理货残损溢短单，铁路商务记录和空运事故记录等。此外，运输方式为海运的，还应要求船方提供航海日志、海事报告、舱单、配载图、验舱证书和验舱报告等有关资料。

（4）申请外商投资财产价值、品种、质量、数量和损失鉴定的，还应提供财产明细单、发票及各种价值证明、财产的已使用年限和财产的维修保养情况等各种有关资料。

（5）在办理国内委托检验时，申请人应按要求填写“委托检验申请单”，并提供检验的样品、检验标准和方法。国外委托人在办理委托检验时，还应提供有关函电和资料。

出口商品报检一般应提供外贸合同或售货确认书及函电、信用证原件的复印件或副本，必要时提供原本。合同如果有补充协议的，要提供补充的协议书；合同或信用证有更改的，要提供相应的修改书或更改的函电。

与外贸企业签订长期贸易合同的，若采用记账方式结算，外贸企业只需每年将合同副本送交商检机构一次，报检时只需在申请单上填明合同号即可。

若交易商品为危险品或法定检验范围内的商品，外贸企业在申请品质、规格、数量、重量、安全和卫生检验时，必须提交商检机构签发的出口商品包装性能检验合格单证，商检机构据此受理上述各种报验手续。

外贸企业在申请报检时只需按要求提交以上资料，并填写“报检申请单”，填明申请检验、鉴定工作项目和要求后向检验机构申请即可。

3. 抽样

抽样是指商检机构接受报检之后，安排工作人员赴货物堆存地点进行现场检验和鉴定的过程。抽样必须按照规定的方法和一定的比例进行，一般是在货物的不同部位抽取一定数量的、能代表全批货物质量的样品以保证检验结果的准确性。

4. 检验

检验是指商检机构接受报验之后，在认真研究申报检验项目的基础上，确定检验内容，审核合同或信用证对品质、规格和包装的规定，弄清检验的依据，确定检验标准和方法，然后进行抽样检验、仪器分析检验、物理检验、感官检验或微生物检验的过程。

5. 签发证书

在出口方面，凡列入种类表内的出口商品，对商检检验合格的列入种类表中的商品签发放行单（或在“出口货物报关单”上加盖放行章，以代替放行单）应由商检机构检验的种类表以外的商品，检验合格后发放证书或放行单后方可出运。若外贸交易合同或信用证中规定由商检部门检验出证，或合同另一方要求签发检验证书的，应根据规定签发所需封面证书。对于不向国外提供证书的商品，只发放行单。

在进口方面，对检验合格的进口商品签发的“检验情况通知单”或“检验证书”，是对外结算或索赔的主要依据。自行进行验收的，可将其用于对外索赔。验收合格的，应在索赔有效期内将验收报告送至商检机构销案。

## 4.1.2　在规定范围内进行报检

进出口的商品中，并非所有商品都必须进行检验，因此，外贸人员应准确把握所需检验商品的范围和具体种类，以免进行不必要的报检，给交易带来不必要的成本和麻烦。

对于法定检验范围内的商品，未经检验合格的，不能进行进出口。进口商品和出口商品的检验范围分别如下。

进口商品的法定检验报检范围包括：列入种类表的进口商品；有关国际条约、协议规定须经商检机构检验的进口商品；其他法律、行政法规规定须经商检机构检验的进口商品。

出口商品法定检验报检的范围包括：列入种类表的出口商品；出口食品的卫生检验；贸易性出口动物产品的检疫；出口危险物品和种类表内商品包装容器的性能检验和使用鉴定；装运易腐烂变质食品出口的船舱和集装箱；有关国际条约、协议规定须经商检机构检验的出口商品；法律、法规规定的其他商品。

上述种类表涉及的商品类型较多，外贸企业和人员可以按照以下方式进行查询了解。

首先，进入国家质量检验检疫总局官网（http://www.samr.gov.cn/），并在页面搜索框中输入“商检机构实施检验的进出口商品种类表”，然后单击“搜索”按钮，如图 4–1 所示。

图 4–1

然后，将会得到如图 4–2 所示的搜索结果，外贸人员再根据需要进行选择查看即可。

图 4-2

### 4.1.3　怎样把握报检的时间和地点

是否需要报检是因商品类型而定的，报检的时间和地点也同样如此，报检时间对报检尤为重要，时限之前或超过时限的商品报检都不能被受理。只有清楚了解每一类商品准确的报检时间和地点，才能做到报检成功。进口商品的报检时间必须遵循以下规定。

（1）进口微生物、人体组织、生物制品、血液及其制品或种畜、禽及其精液、胚胎、受精卵的，应当在入境前 30 天报检。

（2）进口其他动物的，应在入境前 15 天报检。

（3）进口植物、种子、种苗及其他繁殖材料的，应在入境前 7 天报检。

（4）进口货物需对外索赔出证的，应在索赔有效期前不少于 20 天内向到货口岸或货物到达地的检验检疫机构报检。

此外，不同种类的商品在进口时需要严格按照以下要求的地点申报。

（1）进口贸易合同或运输合同中对商品检验地点作出明确规定的，应严格按照约定地点报检。如合同若约定将卸货港口商检机构出具的检验证书作为计算价格和结算贷款的依据，那么报检工作就应在卸货港口进行。

（2）大宗散装和易腐变质类进口商品，如粮食、原糖、化肥、化工原料和农产品等，必须向卸货口岸或到达站商检机构报验。

（3）卸货时出现货物的外包装残损或短件等情况的，必须向卸货口岸或到达站商检机构报验。

（4）由内地收货，货物在国内运输途中不会发生变质、变量且包装完好的进口商品，可向到货地商检机构报验。

（5）需结合安装调试进行检验的成套设备、机电仪产品及在口岸开件检验难以恢复包装的商品，应向到货地商检机构报验。

和进口商品不同，出口商品一般应在出口报关或装运前 7 天检验，需隔离检疫的出境动物在出境前 60 天预报，隔离前 7 天报检。出口商品的报检地点一般为外贸企业所在地出入境检验检疫局，若商品不是外贸企业自己生产的，则报检地点为生产工厂所在地的出入境检验检疫局。

4.2

# 有关报检工作的微观知识

“细节决定成败”这句俗语放在报检工作中同样适用。细微之处往往更能体现出外贸人员业务能力的熟练程度和专业程度，在报检过程中出现的任何微小差错，都有可能导致整个报检流程被中止或重启。

因此，外贸人员不仅需要对报检工作作出整体把控，还需要做到事无巨细，落实细节。

## 4.2.1　入境货物报检单的填制

入境货物报检单是外贸企业进行商品进口检验时必须要填写的业务单据，填写项目中涉及的交易相关信息较多，只有单据上的每项内容都准确填写时，报检工作才能完成。

入境货物报检单是申请报检的外贸企业、外贸人员或其报检代理人在报检前向报关地检验检疫机构申领的，所列各项内容应填写完整、准确、清晰且不得涂改，中英文内容应一致，报检单位应填写单位的全称并加盖单位印章。

入境货物报检单的样式如图 4–3 所示。

中华人民共和国出入境检验检疫

入境货物报检单

报检单位（加盖公章）：　　　　*编　号

报检单位登记　　联系　　电　　报检日期：　年　月　日

| | | | |
|---|---|---|---|
| 收货人 | （中文） | 企业性质（划“√”） | □合资□合作□外资 |
| | （外文） | | |
| 发货人 | （中文） | | |
| | （外文） | | |

货物名称(中/外文)　H.S.编码　产地　数/重量　货物总值　包装种类及数量

| | | | | | |
|---|---|---|---|---|---|
| 运输工具名称号 | | | | 合同号 | |
| 贸易方式 | | 贸易国别（地区） | | 提单/运单号 | |
| 到货日期 | | 起运国（地区） | | 许可证 / 审批 | |
| 卸毕日期 | | 起运口岸 | | 入境口岸 | |
| 索赔有效期至 | | 经停口岸 | | 目的地 | |
| 集装箱规格、数量及号码 | | | | | |
| 合同、信用证订立的检验检疫条款及特殊要求 | | | | 货物存放地点 | |
| | | | | 用　途 | |

| | | | |
|---|---|---|---|
| 随附单据（划“ ”或补填） | 标记及记号 | 外商投资财产划“ ” | □是□否 |
| □合同<br>□发票<br>□提运单<br>□兽医卫生证书<br>□植物检疫证书<br>□动物检疫证书<br>□卫生证书<br>□原产地证书<br>□许可/审批文件 | □到货通知<br>□装箱单<br>□质保书<br>□磅码单<br>□验收报告<br>□<br>□<br>□ | *检验检疫费 | |
| | | 总金额（人民币元） | |
| | | 计费人 | |
| | | 收费人 | |

| | | |
|---|---|---|
| 报检人郑重声明：<br>1. 本人被授权报检。<br>2. 上列填写内容正确属实，货物无伪造或冒用他人的厂名、标志、认证标志，并承担货物质量责任。<br>签名：________ | 领取证单 | |
| | 日期 | |
| | 签名 | |

注：有“*”号栏由出入境检验检疫机关填写　　◆国家出入境检验检疫局制

图 4-3

为保证报检单内容填写完整准确和规范，报检人员需要了解并遵循报检单中关键要素的内容和具体需要填写的信息。

◆ **编号：**由检验检疫机构报检受理人员填写，前 6 位为检验检疫机构代码，第 7 位为报检类代码，第 8、9 位为年代码，第 10 至 15 位为流水号。

◆ **报检单位登记号：**报检单位在检验检疫机构备案或者注册登记的代码。

◆ **报检日期：**检验检疫机构实际受理报检的日期，由受理报检人员填写。

◆ **货物名称（中 / 外文）：**本批货物的品名，应与进口合同和发票名称一致，如为废旧货物应注明。

- **HS 编码**：当年海关公布的商品税则编码分类下该批货物的商品编码。
- **原产国（地区）**：本批货物的生产、开采或加工制造的国家或地区；若过程涉及多个国家或地区的，以最后一个作为原产国（地区）；若货物为退运的，则填写中国。
- **数 / 重量**：重量指的是“净重”，应与合同、发票或报关单上所列的货物数 / 重量一致，并注明单位。
- **货物总值**：进出口货物的实际成交价格，并填写相应币种。
- **提单 / 运单号**：该项内容的数字、英文大小写、符号和空格等必须与运输部门的载货清单所列的内容一致。若为转船运输的，一般应填写最终航程的提单 / 运单号。
- **到货日期**：进口货物到达口岸的日期，为 8 位数字，顺序为年（4 位）、月（2 位）、日（2 位）。
- **起运口岸**：货物从内陆国家陆运至他国海港口岸装船出运的，按第一海港口岸填制。从中国境内保税区、出口加工区入境的，填制“保税区”或“出口加工区”。
- **索赔有效期**：以贸易合同中约定的索赔期限为准，未约定的，应注明“无索赔期”。
- **标记及号码**：即货物的运输标志，应与合同、提单、发票和货物实际状况保持一致。若没有标记号码则填“N/M”。

### 4.2.2　出境货物报检单的填制

与进口贸易一样，出口商品在进行出境报检时也需要按照相应规则和规范填写出境货物报检单，以保证出口业务的顺利进行。

出境货物报检单与入境货物报检单有所差别，其样式如图 4-4 所示。

**中华人民共和国出入境检验检疫**

**出境货物报检单**

报检单位（加盖公章）： *编　号

报检单位登记号：　联系人：　电话：　报检日期：

| | | | | | | | |
|---|---|---|---|---|---|---|---|
| 发货人 | （中文） | | | | | | |
| | （外文） | | | | | | |
| 收货人 | （中文） | | | | | | |
| | （外文） | | | | | | |
| 货物名称(中/外文) | H.S.编码 | 产地 | 数/重量 | 货物总值 | 包装种类及数量 | | |
| | | | | | | | |
| 运输工具名称号码 | | 贸易方式 | | 货物存放地点 | | | |
| 合同号 | | 信用证号 | | 用途 | | | |
| 发货日期 | | 输往国家(地区) | | 许可证 / 审批号 | | | |
| 启运地 | | 到达口岸 | | 生产单位注册号 | | | |
| 集装箱规格、数量及号码 | | | | | | | |

| 合同、信用证订立的检验检疫条款或特殊要求 | 标 记 及 号 码 | 随附单据（划“✓”或补填） | |
|---|---|---|---|
| | | □合同<br>□信用证<br>□发票<br>□换证凭单<br>□装箱单<br>□厂检单 | □包装性能结果单<br>□许可/审批文件 |

| 需要证单名称（划“✓”或补填） | | *检验检疫费 | |
|---|---|---|---|
| □品质证书 __正__副<br>□重量证书 __正__副<br>□数量证书 __正__副<br>□兽医卫生证书 __正__副<br>□健康证书 __正__副<br>□卫生证书 __正__副<br>□动物卫生证书 __正__副 | □植物检疫证书 __正__副<br>□熏蒸/消毒证书 __正__副<br>□出境货物换证凭单 __正__副 | 总金额（人民币元） | |
| | | 计费人 | |
| | | 收费人 | |

| 报检人郑重声明： | 领 取 证 单 | |
|---|---|---|
| 1. 本人被授权报检。<br>2. 上列填写内容正确属实，货物无伪造或冒用他人的厂名、标志、认证标志，并承担货物质量责任。<br>签名：________ | 日期 | |
| | 签名 | |

注：有“*”号栏由出入境检验检疫机关填写　◆国家出入境检验检疫局制

图 4-4

出境货物报检单涉及的要素较多，在内容填写上也区别于入境货物报检单，下面主要介绍其与入境货物报检单填写不同之处。

（1）产地。应具体到县市行政区名称，同一县市行政区内有超过一个检验检疫机构的，应根据相关要求对目的地进一步细化；对于经过几个地区加工制造的货物，以最后一个实质性加工的地区为准；难以判定具体行政区名称的货物，如海洋资源，可填写为“中国”；进口货物复出口的，产地填写“境外”。

（2）运输工具名称号码。填写负责本批货物出口的运输工具名称或运输工具编号，以及载运货物进出境的国际航班编号。出境货物报检时一般只能初步确定运输工具种类，无法确定运输工具名称和号码。因此，在填制报检单时，可只填写运输工具类型，如“船舶 ××”。

（3）信用证号。本批货物对应的信用证编号，结汇方式不为信用的，应注明结汇方式，如“T/T”。

（4）输往国家（地区）。指出口货物直接运抵的国家或地区，应与报关单中的“运抵国（地区）”一致，如不一致，会造成电子通关数据在通关单联网核查时无法在海关正常申报。出口到中国境内保税区、出口加工区的，填制“保税区”或“出口加工区”。

（5）生产单位注册号。指生产、加工本批货物的单位在检验检疫机构备案登记的 10 位编号。

（6）用途。本批货物的实际用途，对于选择“其他”的，应在报检单中手写具体用途。

### 4.2.3　代理报检

代理报检是外贸企业委托有报检资格的企业为其办理报检业务的行为，一般情况下，代理报检的委托人没有报检资格，委托企业需向接受委托的企业支付一定的中介服务费用。

接受委托的代理报检企业负责全部的报检工作，包括：办理报检手续、缴纳检验检疫费、联系配合检验检疫机构实施检验检疫、领取检验检疫证单和通关证明以及其他与报检工作有关的事项。

代理委托检验与企业自行检验相比，多了一个委托的过程，一般来说，选择的代理报检企业是有检验资格的货源供应商，或者是有业务往来的其他外贸公司，以及行业内专门从事进出口代理业务的企业等。

代理对象的选择是进行代理报检业务的第一环节，也是最关键的环节。目前，通过专业的进出口代理公司进行本企业的进出口商品检验工作是大多数外贸企业采用的方式，在选择代理企业时，可以按照本书前述有关内容进行考虑。代理报检企业必须是完成报检企业备案登记手续的企业，在进行委托时，委托企业还需要签署代理报检委托书，样式如图 4–5 所示。

**代理报检委托书**

编号：

______出入境检验检疫局：

本委托人（备案号/组织机构代码______）保证遵守国家有关检验检疫法律、法规的规定，保证所提供的委托报检事项真实、单货相符。否则，愿承担相关法律责任。具体委托情况如下：

本委托人将于______年____月间进口/出口如下货物：

| 品名 | | HS 编码 | |
|---|---|---|---|
| 数（重）量 | | 包装情况 | |
| 信用证/合同号 | | 许可文件号 | |
| 进口货物收货单位及地址 | | 进口货物提/运单号 | |
| 其他特殊要求 | | | |

特委托______（代理报检注册登记号______），代表本委托人办理上述货物的下列出入境检验检疫事宜：

□1. 办理报检手续；

□2. 代缴纳检验检疫费；

□3. 联系和配合检验检疫机构实施检验检疫；

□4. 领取检验检疫证单。

□5. 其他与报检有关的相关事宜：______

联 系 人：______

联系电话：______

本委托书有效期至______年____月____日　　委托人（加盖公章）

年　月　日

委托人确认声明

本企业完全接受本委托书。保证履行以下职责：

1. 对委托人提供的货物情况和单证的真实性、完整性进行核实；

2. 根据检验检疫有关法律法规规定办理上述货物的检验检疫事宜；

3. 及时将办结检验检疫手续的有关委托内容的单证、文件移交委托人或其指定的人员；

4. 如实告知委托人检验检疫部门对货物的后续检验检疫及监管要求。

如在委托事项中发生违法或违规行为，愿承担相关法律和行政责任。

图 4–5

我国相关报检法规规定，代理报检企业办理报检业务时，应当向检验检疫部门提交委托人授权的代理报检委托书，委托书应当列明货物信息、具体委托事项、委托期限等内容，并加盖委托人的公章。代理报检企业应当在委托人授权范围内从事报检业务，并对委托人所提供材料的真实性进行合理审查。

委托企业和代理报检企业在签订委托书之后，代理报检企业就可以按照前述的报检资料和流程为企业进行报检工作。

# 4.3 有关报检工作的其他事项

因为报检工作所需提交的资料较多，涉及的内容本身也较多，所以报检工作并不总是一帆风顺，一次成功的。在实际报检过程中，报检申请常常会因为一些原因被退回，导致报检流程不得不中止。

## 4.3.1　报检信息的更改和撤销

报检信息更改是指由于某种原因，报检人就检验检疫机构尚未实施检验检疫或虽已实施检验检疫但尚未出具证单的报检信息，便向受理报检的检验检疫机构提出修改申请，经审核后按规定进行更改。报检信息撤销是指报检人向检验检疫机构报检后，由于某种原因或需要将报检申请撤销。

并非所有的检验检疫机构尚未实施检验检疫的货物都可以进行信息更改，如以下两类。

- ◆ 修改后的品名与修改前不一致的，不能进行报检信息更改。
- ◆ 检验检疫机构已实施检验检疫但尚未出具证单，品名、数/重量、检验检疫要求、包装等重要项目更改后与原报检不一致的，或者更改后与输出、输入国家地区法律法规的规定不符的，均不能更改。
- ◆ 对于需要办理信息更改的报检事项，在办理时需要提供以下单据。
- ◆ 填写《更改申请单》，说明更改的理由和更改的事项。
- ◆ 提供有关函电等证明文件，并提交原证单。
- ◆ 变更合同或信用证的，须提供新的合同或信用证。

《更改申请单》一般由检疫检验机构提供，其样式如图 4-6 所示。

中华人民共和国出入境检验检疫

更 改 申 请 单

日期：　　　　　　　　*编号：

| | | | |
|---|---|---|---|
| 申请人（加盖公章） | | 联系人 | |
| | | 电话 | |
| 原发证单种类 | | 原发证单编号 | |
| 货物品名及数量 | | 交还原证单 | 正本　份　副本　份 |
| 申请摘要 | 更改内容： | | |
| | 更改原因： | | |
| 领证人签名： | | 日期：　年　月　日 | |

* 以下栏目由检验检疫机关填写

| |
|---|
| 施检部门意见：<br>签字：　　　日期：　年　月　日 |
| 检务部门意见：<br>签字：　　　日期：　年　月　日 |

注：有“*”号栏由出入境检验检疫机关填写　　◆ 国家出入境检验检疫局制

图 4-6

报检人向检验检疫机构报检后，因故需撤销报检的，可提出申请，并书面说明理由，经检验检疫机构批准后按规定办理撤销手续。报检后 30 天内未联系检验检疫事宜的，作自动撤销报检处理。办理撤销应提供以下单据。

- 《更改申请单》，并说明撤销的理由。
- 提供有关证明材料。

当出现以下情况时，只能重新报检，不能申请信息更改，也不能撤销报检。

- 超过检验检疫有效期限的。
- 变更输入国家或地区，并又有不同检验检疫要求的。
- 改换包装或重新拼装的。
- 已撤销报检的。

### 4.3.2 相关费用计算

在进出口商品检验过程中，会产生一系列费用，包括：检验机构收取的检验费、代理报检机构收取的代理费或中介费以及验货费等，这些费用都应算作企业进出口交易的成本，并在发生时进行计算，以明确具体数额。进出口检验时发生的相关费用和计算方式如表 4-1 所示。

**表 4-1 进出口检验相关费用**

| 费用类型 | 项目 | 计费依据 | 计费标准 | 最低收费额 | 备注 |
|---|---|---|---|---|---|
| 货物检验检疫费 | 一般商品 | 货物总值 | 0.8‰ | 60 元 | 货值低于 2000 元人民币免收 |
| | 介质土、植物油 | 货物总值 | 0.3‰ | 60 元 | 货值低于 2000 元人民币免收 |
| | 小批量食品 | 货物总值 | 0.8‰ | 60 元 | 货值低于 2000 元人民币免收 |
| | 边境小额外贸或小额贸易 | 批次 | 30 元 | — | 货值在 10 万元人民币以下（含 10 万元）按每批次 30 元收取 |

续上表

| 费用类型 | 项目 | 计费依据 | 计费标准 | 最低收费额 | 备注 |
|---|---|---|---|---|---|
| 货物鉴定业务费 | 衡器鉴重 | 毛重吨 | 0.3 元 | 20 元 | — |
| | 数量鉴定 | 百件 | 1.5 元 | 20 元 | 不足 100 件按 100 件计算 |
| | 包装使用鉴定 | 百件 | 1.5 元 | 15 元 | |
| 签发证单费 | 正本 | 份 | 6 元 | — | 不足 100 件按 100 件计算 |
| | 副本 | 份 | 3 元 | — | 如卫生注册和质量许可等 |
| 签发产地证费 | 申请考核和证书 | 考核 / 注册机构 | 500 元 | — | 含优惠产地证 |
| | 普惠制原产地证 | 证 | 40 元 | — | — |
| | 报检单 | 本 | 33 元 | — | 每本 100 页 |
| | 普惠制产地证 | 份 | 1.5 元 | — | 含优惠产地证 |
| | 一般原产地证 | 份 | 1 元 | — | — |

此外，2012 年底我国对出入境检验检疫业务计收费标准进行了部分修改，下面对修改后变更的收费标准和有关费用的处理进行讲解。

1. 同批货物涉及多个检验检疫类别的，如何计收费？

简化收费方式。将货物检验检疫费中的品质检验、动物临床检疫、植物现场检疫、动植物产品检疫、食品及食品加工设备卫生检验、卫生检疫（不收费）合并为货物检验检疫费一项，取消累计收费。同时取消以下规定：

（1）同批货物检验检疫费超过 5 000 元，超过部分按 80% 计收；

（2）边境口岸每批次价值在人民币 10 万元以下（含 10 万元）的小额边

境贸易检验检疫收费，按70%计收；

（3）每批次价值在人民币5万元以下（含5万元）的小额边境贸易检验检疫收费，按50%计收。

2. 入境流向货物如何计收货物检验检疫费?

对同一报检批，检验检疫类别含“P”或“R”的非食品加工设备类入境流向货物，由口岸检验检疫机构计收货物检验检疫费，目的机构不再收取货物检验检疫费。

对同一报检批中，检验检疫类别为“M”或“LM”的入境流向货物，以及检验检疫类别为“MR”申报仅用于工业用途不用于人类食品或动物饲料添加剂及原料的入境流向货物，以及检验检疫类别为“R”或“MR”或“LMR”或“LR”入境流向食品加工设备，由目的地检验检疫机构计收货物检验检疫费。

3. 实施入境直通放行的货物，如何收取货物检验检疫费?

实施入境直通放行的货物，其货物检验检疫费由目的地检验检疫机构负责收取。

4. 大宗散装商品、易腐烂变质商品、可用作原料的固体废物检验检疫工作及收费规定?

根据商检法实施条例的规定，大宗散装商品、易腐烂变质商品、可用作原料的固体服务应在卸货口岸实施检验检疫，其货物检验检疫费由口岸检验检疫机构计收。

5. 出境货物如何计收货物检验检疫费?

对在产地实施检验检疫的出境货物，由产地检验检疫机构计收货物检验检疫费，口岸检验检疫机构不再收取货物检验检疫费。

6. 对出入境货物仅实施卫生检疫如何收费?

不收费。

7. 进口小批量食品如何计收货物检验检疫费?

进口小批量食品按货物总值的 0.8‰计收货物检验检疫费；进口小批量植物油按照货物总值的 0.3‰计收货物检验检疫费。

8. 货物检验检疫费不足最低费用的，如何收取?

对同一批货物，货物检验检疫费不足最低费用的，按照最低费用收取。

9. 哪些出入境货物需要计收数 / 重量鉴定费?

对检验检疫类别含"M"或"N"的出入境货物需计收数 / 重鉴定。

10. 哪些出入境货物需要计收包装使用鉴定费?

对检验检疫类别含有"N"的出境货物需要计收包装使用鉴定费。

11. 动物临床检疫、植物现场检疫确定需做实验室检验的，如何计算收费?

动物临床检疫、植物现场检疫确定需做实验室检疫的，除计收货物检验检疫费以外，还需按实际实验室检验项目数额另行收费；动植物产品的实验室项目不再另行收费。

12. 按共同检验方式实施检验的货物，如何计收货物检验检疫费?

按共同检验方式实施品质检验的货物，其货物检验检疫费按收费额的 50% 收取。

13. 经检验检疫及沟通，出入境关系人对不合格的出口货物重新加工整理后，检验检疫机构再检验检疫一次的，如何收费?

其货物检验检疫费减半收取。

14. 出入境货物每批货值低于 2 000 元人民币的，如何计收货物检验检疫费?

出入境货物每批货值不足 2 000 元人民币的，免收货物检验检疫费，只收签发证单费。

15. 同批货物检验检疫费超过 5 000 元时，超过部分是否仍按 80% 折收?

不再折收。

16. 完成型式试验的出境货物，其货物检验检疫费是否按 70% 计收?

是。但是需要同时符合下列条件。

（1）申报货物列入型式试验目录。

（2）报检时提供了“型式试验确认书”或“型式试验涵盖表”。

（3）申报货物的检验检疫类别含“N”。

17. 加工毛衣的进出境货物，其货物检验检疫费如何计收?

对检验检疫类别为“M”或“LM”的来料加工入境货物，不实施品质检验的，不计收货物检验检疫费。对于检验检疫类别含“N”的加工贸易出境货物，不再核查货物总值中进料加工、来料加工入境原料价值比例，一律按收费标准的 70% 计收货物检验检疫费。

18. 无法确定货值的动植物，如何计收货物检验检疫费？

无法确定货值的动植物，其货物检验检疫费用仍然按照〔2003〕2357号文件中的动植物检疫收费标准执行。

19. 样品、礼品、暂准进出境的货物以及其他非贸易性物品，如何计收货物检验检疫费？

对于免于实施商品检验的样品、礼品、暂准进出境的货物以及其他非贸易性物品，不涉及其他检疫工作的，免收货物检验检疫费；涉及其他检疫工作的，按规定收取货物检验检疫费。

CHAPTER05 第 5 章

# 一切就绪，就等报关

报关是进出口贸易的必备环节，它是指进出口货物收发货人、进出境运输工具负责人、进出境物品所有人或者他们的代理人向海关办理货物、物品或运输工具进出境手续及相关海关事务的过程。外贸当事人或企业只有做到按流程报关才有可能通关，通关才能真正实现交易。

5.1

# 报关工作前的准备和确认

报关并不是简单地向海关申报和交验单据证件，也不是所有企业在备好货物、完成商检之后都可以立即进行报关工作。报关当事人或责任人应该首先明确哪些情况下需要进行报关，应该在什么时间进行报关，以及在什么样的条件下进行报关。

## 5.1.1 报关需要取得报关资格

和报检一样，报关之前也需要取得相应资格。我国相关制度规定，代办报关手续的国际运输企业、外轮代理公司以及专营报关企业，必须向海关办理注册登记。此外，以下企业若直接向海关办理报关手续，也必须先进行注册登记。

- 外贸专业公司及其子公司、所属省市的台区级分公司以及经批准有外贸权的支公司。
- 有进出口权的工贸、农贸和技贸公司。
- 有进出口经营权的生产企业、企业联合体、外贸和生产企业的联合公司。
- 中外合资、合作企业、外商独资企业。
- 免税品公司，外汇、侨汇商店。
- 信托投资公司、经济技术开发公司、技术引进公司和租赁公司。
- 成套设备公司和对外承包工程公司。
- 其他经常有进出口业务的企业。

根据《报关单位管理规定》，将报关注册登记单位分为两类：一是报关企业，二是进出口货物的收发货人（也称自理报关企业）。前者是专门接受报关委托，进行报关服务的企业，必须经直属海关或者其授权的隶属海关注册登记许可后，才能办理注册登记；后者主要是直接进行进出口业务的单位、组织和个人为完成各自的进出口交易而进行的报关登记，可以直接到所在地海关办理注册登记。

以上两类单位的报关注册登记，必须按照以下步骤进行。

1. 审核企业是否满足报关注册登记条件

报关企业和自理报关企业的报关注册登记条件有所不同，企业在进行注册登记前，应先根据拟注册的报关单位类型核查自身是否满足其相关条件。

报关企业的报关注册登记条件，《海关法》对报关单位注册登记管理规定中有明确的相关规定，具体内容如下。

（1）具备境内企业法人资格条件。

（2）企业注册资本不低于人民币150万元。

（3）健全的组织机构和财务管理制度。

（4）报关员人数不少于5名。

（5）投资者、报关业务负责人、报关员无走私记录。

（6）报关业务负责人具有5年以上从事对外贸易工作经验或者报关工作经验。

（7）无因走私违法行为被海关撤销注册登记许可记录。

（8）有符合从事报关服务所必需的固定经营场所和设施。

（9）海关监管所需要的其他条件。

进出口货物收发货人的报关注册登记条件：我国相关规定对进出口货物收发货人的报关注册登记条件没有十分硬性的规定，只要是按照《对外贸易法》相关规定，经对外经济贸易主管部门批准，从事对外贸易经营活动的境内法人、其他组织和自然人均可直接向海关办理注册登记，不需办理注册登记许可申请，注册登记条件相对报关企业来说较为简单。

2. 报关注册登记申请

符合上述条件的企业可以按照相应程序，向海关办理报关注册登记并提交规定的资料。

申请报关企业注册登记许可，应当提交下列文件材料：报关企业注册登记许可申请书；《企业法人营业执照》副本或者《企业名称预先核准通知书》复印件；企业章程；出资证明文件复印件；所聘报关从业人员的《报关员资格证》复印件；从事报关服务业可行性研究报告；报关业务负责人工作简历；报关服务营业场所所有权证明、租赁证明；其他与申请注册登记许可相关的材料。

3. 海关对报关申请作出处理或不处理的决定

申请人提交资料以后，海关首先要对其相关资质进行审核，若申请人符合申请条件，则海关对该申请进行依法受理；若不符合条件，海关将作出不予受理的决定。有以下 4 种不予受理的情况。

- 申请人不具备报关企业注册登记许可申请资格的，应当作出不予受理的决定。
- 申请材料不齐全或者不符合法定形式的，应当当场或者在签收申请材料后的5日内1次性告知申请人需要补正的全部内容，逾期不告知的，自收到申请材料之日起即为受理。

- 申请材料仅存在文字性、技术性或者装订等可以当场更正的错误的，应当允许申请人当场更正，并且由申请人对更正内容予以签章确认。
- 申请材料齐全、符合法定形式，或者申请人按照海关的要求提交全部补正申请材料的，应当受理报关企业注册登记许可申请，并作出受理决定。

4. 海关审核和发证

海关受理申请后，根据法定条件和程序对申请事项进行全面审查。申请报关企业注册登记许可的，受理注册登记许可的海关应于申请之日起20日内审查完毕。其中直属海关未授权隶属海关办理注册登记许可的，应当自收到所在地海关报送的审查意见之日起20日内作出决定；直属海关授权隶属海关办理注册登记许可的，隶属海关应当自受理或者收到所在地海关报送的审查意见之日起20日内作出决定。

申请人的申请符合法定条件的，海关应当依法作出准予注册登记许可的书面决定，并通知申请人。

申请人的申请不符合法定条件的，海关应当依法作出不准予注册登记许可的书面决定，并且告知申请人享有依法申请行政复议或者提起行政诉讼的权利。

### 5.1.2 报关需严格遵循报关范围和期限

有了报关资格之后，外贸企业和外贸人员就具备了报关的“硬件”条件。这时，还需要进行一些“软件”的学习和武装，即明确报关的具体事项，做到有的放矢，保证报关业务可以顺利进行。报关的范围比较广泛，包括进出境运输工具、货物和物品。

（1）**进出境运输工具**。包括在国际间运营的，载运人员、货物和物品进出境的各种境内或境外船舶、车辆、航空器和驮畜等运输工具。

（2）**进出境货物**。包括一般进出口货物、保税货物、暂准进出境货物、特定减免税进出口货物、过境、转运和通运货物及其他进出境货物等。

（3）**进出境物品**。包括进出境的行李物品、邮递物品和其他物品。其中，我国还对一些进出境物品进行管制，限制进出，这类产品称为禁止进出境物品，因此外贸企业和外贸人员在经营交易过程中需要绕过这类物品，具体见表5–1。

表5–1 禁止/限制进出境的物品

| 项目 | 具体物品种类 |
| --- | --- |
| 禁止进境物品 | 各种武器、弹药及爆炸物品；伪造货币及伪造的有价证券；对我国政治、经济、文化和道德有害的印刷品、胶卷、照片、唱片、影片、录音带、录像带、激光视盘、计算机存储介质及其他物品；各种烈性毒药；鸦片、吗啡、海洛因、大麻以及其他能使人成瘾的麻醉品和精神药物；带有危险性病菌、害虫及其他有害生物的动物、植物及其产品；有碍人畜健康的、来自疫区的以及其他能传播疾病的食品、药品或其他物品；人民币 |
| 禁止出境物品 | 列入禁止出境范围的所有物品；内容涉及国家秘密的手稿、印刷品、胶卷、照片、唱片、影片、录音带、录像带、激光视盘、计算机存储介质及其他物品；珍贵文物及其他禁止出境的文物；濒危、珍贵的动植物（含标本）及其种子和繁殖材料 |
| 限制进境物品 | 无线电收发信机、通信保密机；烟、酒；濒危的和珍贵的动物、植物（均含标本）及其种子和繁殖材料；国家货币；海关限制进境的其他物品 |

续上表

| 项目 | 具体物品种类 |
|---|---|
| 限制出境物品 | 金银等贵重金属及其制品；国家货币；外币及其有价证券；无线电收发信机、通信保密机；贵重中药材；一般文物；海关限制出境的其他物品 |

除报关的标的有范围之外，报关期限也有规定。不同类型的贸易报关期限不同，报关企业和报关人员需要知晓并在规定时间期限内进行报关。《中华人民共和国海关法》对报关的期限作出了以下规定。

（1）进口货物的收货人应当自运输工具申报进境之日起14日内，向海关申报。

（2）出口货物的发货人除海关特准的除外，应当在货物运抵海关监管区后、装货的24小时以前，向海关申报。

（3）进口货物的收货人自运输工具申报进境之日起超过3个月未向海关申报的，其进口货物由海关提取依法变卖处理，所得价款在扣除运输、装卸、储存等费用和税款后，尚有余款的，自货物依法变卖之日起一年内，经收货人申请，予以发还；其中属于国家对进口有限制性规定，应当提交许可证件而不能提供的，不予发还。逾期无人申请或不予发还的，上缴国库。

（4）确属误卸或者溢卸的进境货物，经海关审定，由原运输工具负责人或者货物的收发货人自该运输工具卸货之日起3个月内，办理退运或者进口手续；必要时，经海关批准，可以延期3个月。逾期未办手续的，由海关按（3）中有关规定处理。经海关批准暂时进口或暂时出口的货物，应当在6个月内复运出境或者复运进境；在特殊情况下，经海关同意，可以延期。

5.2

# 报关工作的实际应用

企业或个人明确了报关所需的前期准备工作并确定了确需报关的事项和时限之后，就要正式实施报关工作了。在正式的报关环节中，报关人员需要了解整个报关的流程，最大限度地提高报关的成功率。

## 5.2.1　电子报关：现代化的报关方式

网络的快速发展使得报关业务不断的电子化，目前，大部分报关业务采用的都是无纸化的电子授权报关方式，既减少了海关的工作量，也为企业和个人报关节省了时间，提高了效率。进行互联网报关最常使用的平台是中国电子口岸，进入中国电子口岸官网（http://www.chinaport.gov.cn/），在首页的公共服务栏中单击“中国电子口岸执法系统安全技术服务用户登录”按钮，如图 5–1 所示。

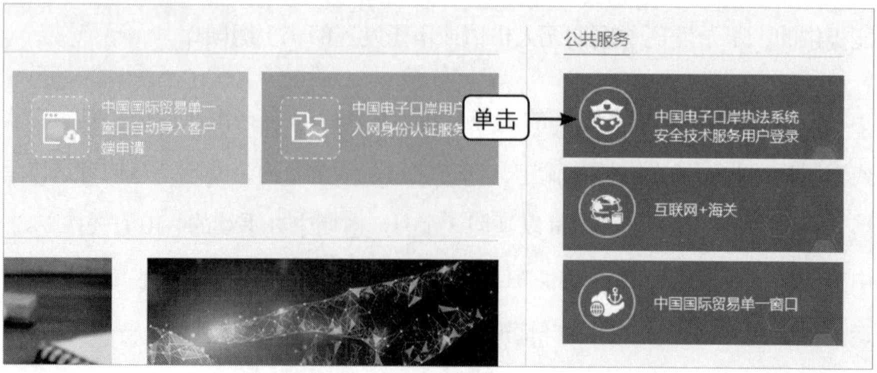


图 5–1

然后，在打开的页面中单击“通关无纸化网上签约”超链接，如图 5–2 所示。

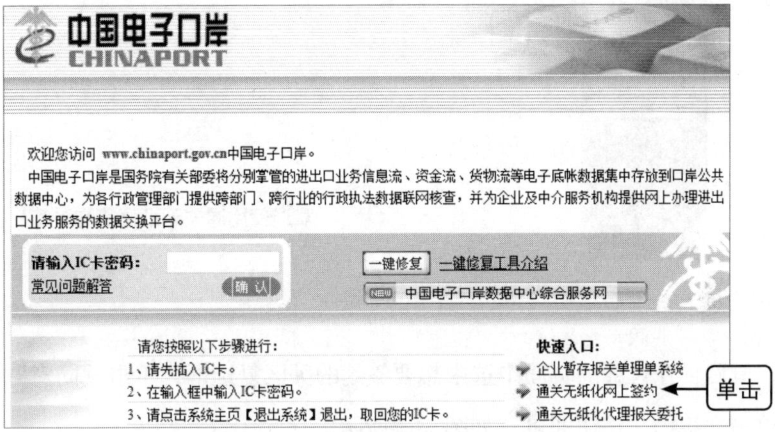


图 5–2

在打开的页面中，根据页面左下方的提示，依次插入操作员权限 IC 卡，并在请输入 IC 卡密码文本框中输入正确的密码，单击“确定”按钮，如图 5–3 所示。

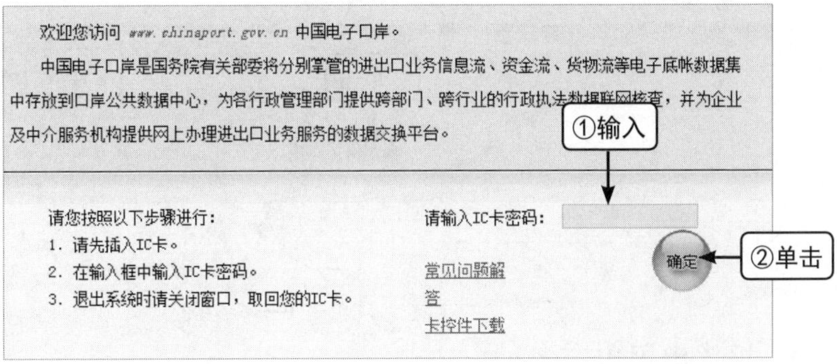


图 5–3

验证 IC 卡和密码之后，即可进入中国电子口岸的“通关无纸化签约系统”。然后，在打开的页面中选择左侧的“三方协议签约”选项，如图 5–4 所示。

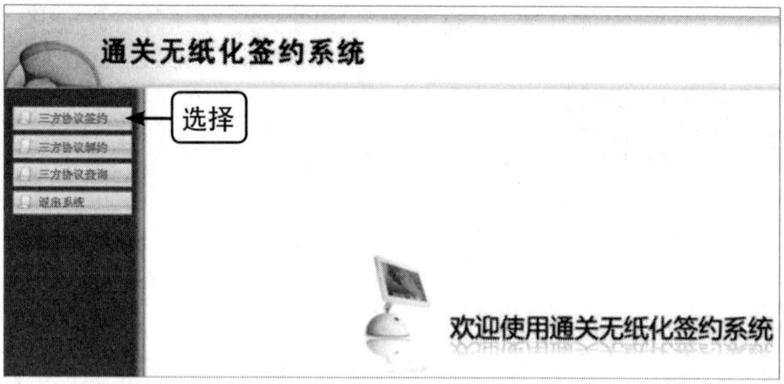


图 5-4

最后，在打开的页面中选中想要签约的关区复选框，单击“同意”按钮，再单击“签约”按钮即可，如图 5-5 所示。

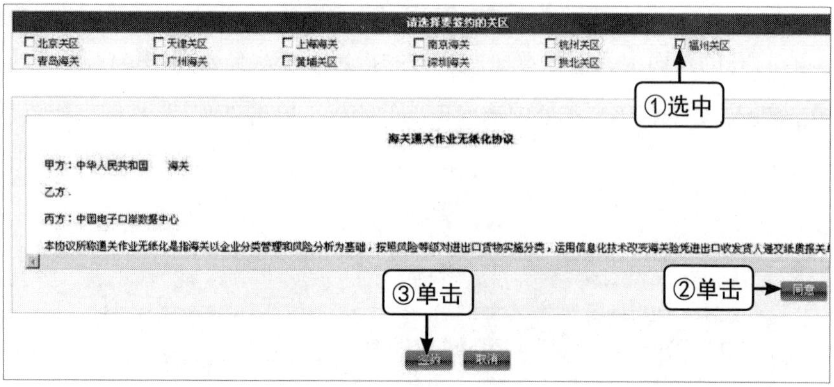


图 5-5

## 5.2.2　报关申报也有多种方法

企业和个人的报关注册登记有不同类型，因此其对应的报关申报方法也有多种，除了自理报关和委托代理报关之外，还有转关。外贸企业和外贸人员需要了解这几种方式的差异以及各自的报关流程。

1. 自理报关

自理报关是外贸企业或外贸人员进行报关注册登记后自行办理报关业务的报关行为，报关过程的一系列流程都由自己完成，包括网上录入、审核申报业务流程和申报确认业务流程等。

◆ 网上录入

首先，自理报关申请人持“报关单录入”权操作员卡进入中国电子口岸“报关单录入”页面，然后录入相关信息后进行提交，最后将录入的报关单数据信息上传到数据中心，进入自理报关审核申报业务流程。

◆ 审核申报业务

自理报关申请人持“报关单审核申报”权操作员卡进入中国电子口岸的“报关单审核申报”页面，对报关单的准确性和规范性进行审核，确保可以将该报关单直接提交给海关进行申报。若审核过程中发现报关单需要修改，则要将其下载到本地之后再修改，然后对上传后的报关单进行二次审核，审核通过后重新上传，提交给海关。

◆ 申报确认

首先，持“报关单申报确认”权操作员卡的自理报关申请人进入中国电子口岸“报关单申报确认”页面，对报关单进行确认申报操作，报关单审核通过后立即进入海关内部系统，海关将对其进行审核。若在申报确认过程中发现报关单有任何问题，均须退回修改，并重新上传、审核和申报确认。然后，对于海关审核通过的报关单，报关企业和报关人员应将其打印出来，和其他单证一起作为办理报关手续的单证资料提交给海关，办理其他通关手续。

2. 代理报关

代理报关又分为直接代理报关和间接代理报关两种，其中直接代理报关是指有关企业接受委托，以委托人的名义办理报关业务；间接代理报关是报关企业接受委托，以报关企业自身的名义向海关办理报关业务。

委托报关企业进行代理报关一般需要签订《代理报关委托书》，以明确双方有关通关事宜的责任和义务。实施无纸化报关后，委托企业和受托企业不需再签订纸质的委托书，双方进行电子委托即可。外贸企业和外贸人员进行电子委托的流程如下。

首先进入中国电子口岸，在“电子口岸执法系统”页面单击“通关无纸化代理报关委托”超链接，如图 5-6 所示。

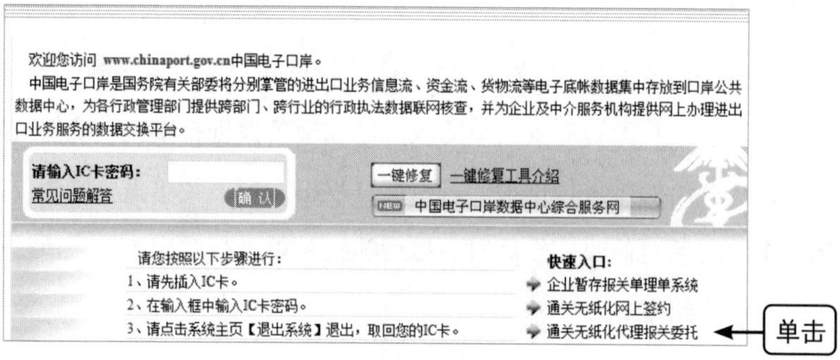


图 5-6

在打开的页面中插入IC卡并输入密码，再单击“确定”按钮，如图5-7所示。

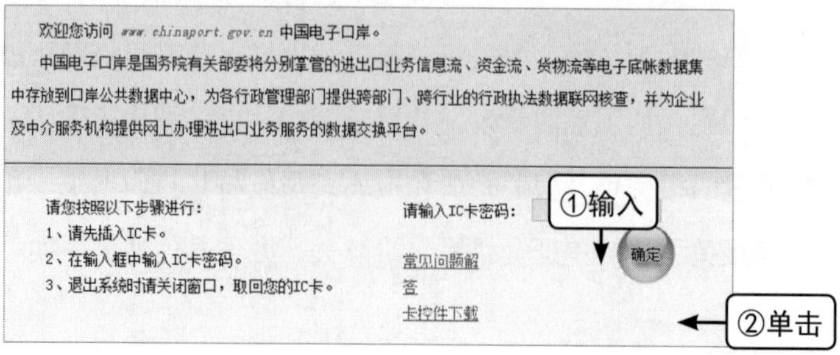


图 5-7

在打开的页面中选择“发起委托申请”选项，如图 5-8 所示。

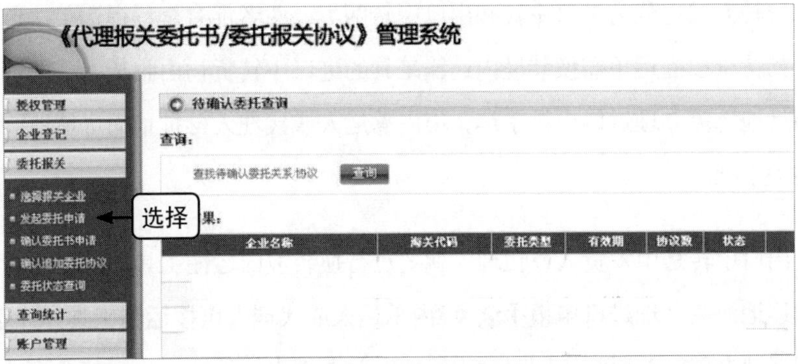


图 5-8

最后按照系统提示进行相应的协议签署和委托申请书信息填写，再将委托提交即可。

3. 转关

转关是指进出口货物在海关的监管下，从一个设关地运至另一个设关地办理某项海关手续。转关有 3 种不同的方式：提前报关转关、直转和中转。

◆ 提前报关转关

提前报关转关又分为进口和出口两种。进口提前报关转关是货物先在指运地申报再到进境地办理转关手续；出口提前报关转关是货物未运抵启运地监管场所前先申报，货物运抵监管场所后再办理转关手续。

◆ 直转方式

进口直转是货物先在进境地办理转关手续，到指运地后办理进口报关手续；出口直转是出境货物在运抵启运地海关监管场所报关后，再向出境地海关办理转关手续。

◆ 中转方式

中转方式也分为进口中转和出口中转两类，两者都有全程提运单。进口中转是指持全程提运单需换装境内运输工具的进口中转货物由收货人或代理人先向指运地海关办理进口申报手续，境内承运人或代理人再批量向进境地海关办理转关手续。

出口中转是由发货人或代理人就要进行换装境内运输工具的出口中转货物向起运地海关办理进口申报手续，境内承运人或代理人再按运输工具分列舱单，向起运地办理转关手续，同时到出境地海关办理出境手续。

### 5.2.3 具体实施之出口报关

外贸交易过程始终包含了进口和出口两个层面，报关工作也是如此。出口报关是指发货人或其代理人向海关申报出口货物的详细情况，海关据以审查，检查合格后放行，准予货物出口。

就出口方而言，出口报关可分为申报、查验货物、缴纳税费和放行装运 4 个步骤；对海关而言，可分为收单、验货、估价和放行 4 个步骤，如图 5-9 所示。

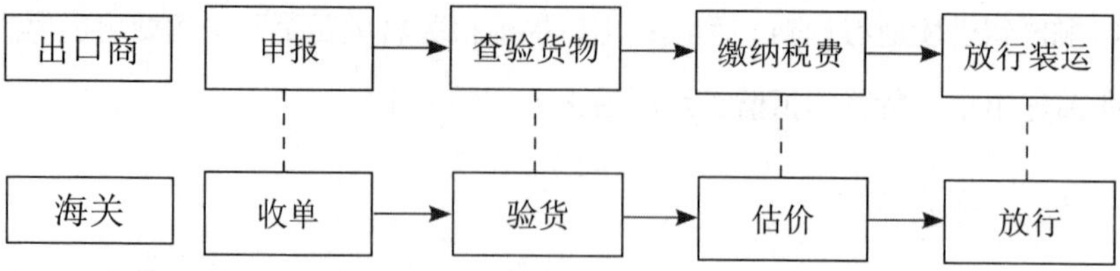


图 5-9

1. 出口申报

出口报关申报一般在货物装运前 24 小时提出，申报内容包括出口货物的单位、收发货单位、申报单位、运输方式、贸易方式、贸易国别以及货物的实际状况（主要包括名称、规格型号、数量、重量和价格等内容）。

此外，出口申报时还需要提供以下资料：一式多份的由报关员自行填写的或由自动化报关预录入人员录入后打印的报关单，具体份数视当地海关规定；出口许可证或其他同类证明文件；商业发票；装箱单；出境货物通关单；申报海关规定的其他有关文件。

2. 查验货物

查验货物也称验关，是指海关在接受申报后以已经审核的申报单位作为依据，对出口货物进行实际核查，确定报关单证的申报内容是否与实际出口的货物相符，并填写验货记录的过程。在海关查验货物时，报关人或代理人需要注意以下问题。

（1）出口货物的收、发货人或其代理人应在场，并按照海关的要求负责搬移货物、开拆和重封货物的包装等。

（2）海关认为必要时，可以进行开验、复验或提取货样。货物保管人员应该到现场作为见证人。

（3）海关查验进出口货物造成损坏时，进出口货物收、发货人或其代理人有权要求海关予以赔偿。

3. 缴纳税费

根据《中华人民共和国海关法》的有关规定，出口货物除国家另有规定外，均应征收关税。出口关税税额的计算公式如下。

出口关税 =FOB 价格 /（1+ 出口税率）× 出口税率

4. 放行装运

放行是海关对出口货物申报进行报关单据审核、查验货物和依法征收税费后，对该出口货物作出准许出境的决定。放行需要完成以下手续。

（1）签印放行。对于一般出口货物，在发货人或其代理人如实向海关申报，并缴纳应缴税款和有关规费后，海关在货物的出口货运单据或特制的放行条上签盖“海关放行章”，出口货物的发货人凭此装船启运出境。

（2）签发出口退税专用报关单。对需出口退税的货物，出口货物的发货人应在向海关申报出口时，增附一份出口退税专用报关单。海关放行后，在该报关单上加盖“验讫章”，退回报关单位，用于送交税务机关办理退税。

### 5.2.4　具体实施之进口报关

进口货物应在自运输工具申报进境之日起 14 日内，由收货人或其代理人向海关申请报关。进口报关的具体实施和出口报关有所差异。

在进行进口报关之前，需要准备报关所需资料，主要有以下一些。

- ◆ 进口货物报关单（一式两份）、货物发票、提货单、装箱单、合同、进口许可证和保险单等，委托报关的，需要提交报关委托书。
- ◆ 从欧盟、美国、韩国、日本进口货物，如是木制包装箱的需提供热处理证书或植物检疫证书，如是非木制的提供无木制包装箱。
- ◆ 税则所规定的各项证件（如进口许可证、机电证、重要工业品证书）。
- ◆ 有减免税手册的提供减免税证明手册。
- ◆ 进口申报后如海关审价需要，需提供相关价格证明。如信用证、保单、原厂发票和招标书等海关所要求的文件。

◆ 海关打印税单后，须在7个工作日缴纳税费。如超过期限，海关按日征收滞纳金。

进口报关的程序与出口报关大致相同，如下所示。

（1）申报。报关员在规定时限内按规范填写进口货物报关单并提交相关资料向审单员申报。

（2）货物查验。除海关总署特准查验的以外，进口货物都应接受海关查验，查验的内容主要是核对报关单证所报内容与实际到货是否相符，有无错报、漏报、瞒报或伪报等情况，以及审查货物进口是否合法。海关查验货物时，货物的收、发货人或其代理人必须到场，并按海关的要求负责办理货物的搬移、拆装箱和查验货物的包装等工作。海关认为必要时，可以进行开验、复验或者提取货样，货物保管人应当到场作为见证人。

（3）缴纳关税。进口货物也需要按要求缴纳进口关税，计算公式为：进口关税税额＝完税价格×进口关税税率，其中完税价格是海关审定的正常CIF价格，若CIF价格不能确定，完税价格则由海关估定。

（4）放行。海关对审核无误且完成相关费用缴纳的进口货物作出批准进口的决定。

进口货物的关税核算时还需要注意以下问题，保证核算和缴纳无误。

◆ 税款缴纳形式为人民币：进口关税的征收是以人民币为基础，若进口货物以外币成交，则由海关按照签发税款缴纳证书之日国家外汇管理部门公布的人民币外汇牌价的买卖中间价折合人民币计征。若交易的货币未在人民币外汇牌价表中列入，则按照国家外汇管理部门确定的汇率进行折算。
◆ 价格最小单位：完税价格计算以元为最小单位，对元以下部分的进行四舍五入；关税税额计算到分为止，分以下的进行四舍五入。

◆ 免税情况：对于一笔货物的关税税额在人民币 10 元以下的，免征关税。

## 5.2.5 截关、截港和截单

截关也称为截放行条时间，是指船公司接受海关放行条的最晚时间；截港也称为截重柜时间，是指货物可以进入码头的时间，若超过时间，货物将不能再进入码头；截单是指船公司最后更改提单格式的时间。外贸人员对于这几个时间的准确把握将直接影响整个进出口交易。截关、截港和截单三者之间有所联系，也有区别，具体见表 5–2。

**表 5–2 截关、截港和截单**

| 项目 | 时间 | 需要完成的事项 |
|---|---|---|
| 截关 | 一般为开船日前 1 ～ 2 天（散货提前 5 ～ 7 天），且通常为截港时间后半个工作日 | 必须在此日期之前报关 |
| 截港 | 一般是船开日前 1 ～ 2 天。（散货提前 5 ～ 7 天） | 必须在此之前让箱子回场站 |
| 截单 | 由船公司自行决定，有的为开船日，有的为开船后一周之内 | 必须在此之前确认好提单，否则会产生改单费 |

另外，在外贸业务中，常有几截几开的说法，截 = 截关，开 = 开船。如果说三截五开，那就表示周五开的船，周三截关，必须在周三前装箱进港，最晚周三报关，周三必须到港区放行。

## 5.2.6 进出口关税的计算

缴税是报关的必经流程，对于外贸人员和报关人员来说，准确计算进出口关税是其必备技能和基本要求。

以不同计价方式成交的进口货物，进口关税的计算方式也不同，具体计算公式如下。

进口货物应纳关税 = 进口货物完税价格 × 进口关税税率

其中，CIF 价格下，进口货物完税价格 =CIF( 成本加运费加保险费；FOB 价格下，进口货物完税价格 =（FOB 价格 + 运费）/（1– 保险费率）；CFR 价格下，进口货物完税价格 =CFR 价格 /（1– 保险费率）。

下面通过具体实例来进行讲解。

◆ 以 CIF 成交，且其申报价格符合规定的“成交价格”条件

某公司从德国进口钢铁盘条 10 000 千克，其成交价格为 CIF 天津新港 12 500 美元，海关填发税款缴款书之日的外汇牌价为：100 美元≈ 707.03 人民币元 ( 买入价 )；100 美元≈ 707.96 人民币元 ( 卖出价 )，求应交关税税款是多少？

税款计算如下：

①确定外汇买卖中间价 =（外汇买入价 + 外汇卖出价）/2，即：

100 美元 =（707.03+707.96）/2=707.495 元人民币

②确定完税价格：完税价格 = 成交价格 × 外汇汇率，即：

完税价格 =12 500×707.495/100=88 436.875 ≈ 88 437 元

③确定进口货物税率。钢铁盘条进口税率为 15%。

④计算应交税款。

应交税款 = 完税价格 × 税率 =88 437×15%=13 265.55 元

◆ FOB和CFR成交的进口货物

以FOB和CFR条件成交的进口货物，计算应交税款前应先将申报价格转化为CIF价，然后再按照以上计算方式核算税款，具体如下。

某外企从国外进口一批中厚钢板共计20 000千克，成交价格为FOB伦敦2.5英镑/公斤，已知单位运费为0.5英镑，保险费率为0.25%，已知海关填发税款缴款书之日的外汇牌价为：100英镑≈876.03人民币（买入价），100英镑≈880.08人民币（卖出价），求应交关税税款是多少？

税款计算如下：

①确定外汇买卖中间价 =（外汇买入价 + 外汇卖出价）/2，即：

100英镑 =（876.03+880.08）/2=878.055元人民币

②确定完税价格：完税价格 = 成交价格 × 外汇汇率，即：

CIF价 =（FOB价 + 运费）/（1－保险费率）

=（2.5+0.5）/（1−0.25%）

≈ 3.01英镑

完税价格 =3.01×20 000×878.055/100=528 589.11 ≈ 528 589元

③确定进口货物税率。根据税则归类，中厚钢板是日本原产货物适用于最惠国税率，最惠国税率为10%。

④计算应交税款。

应交税款 = 完税价格 × 税率 =528 589×10%=52 858.9元

出口关税的计算与进口一样，在不同报价方式下出口关税的计算也有所差异，其计算公式为：

出口货物应纳关税额 = 完税价格 × 出口关税税率

其中，FOB 报价下，完税价格 =FOB 价格 /（1+ 出口关税税率）；CIF 报价下，完税价格 =（CIF 价格 – 运费 – 保险费）/（1+ 出口关税税率）；CFR 报价下，完税价格 =（CIF 价格 – 运费）/（1+ 出口关税税率）。

下面通过一个实际案例来讲解。

国内某外贸企业从广州出口硅铁一批，申报价格为 FOB 广州黄埔港 8 705 美元，其适用的汇率为 1 美元≈ 7.0703 人民币，出口税率为 25%，问应交出口关税为多少？

出口关税计算如下：

①计算 FOB 价格

FOB 价 =8 705 美元 =8 705×7.0703=61 546.9615 元人民币≈ 61 547 元人民币

②按照 FOB 价格来计算出口关税

应交关税额 = 完税价格 × 出口关税税率

=FOB 价格 /（1+ 出口关税税率）× 出口关税税率

=[61 547/（1+25%）]×25%

=12 309.4 元人民币

## 5.2.7　需要退关应该怎么处理

在报关过程中，由于某些突发事件的发生或外贸企业出于某些原因的考虑，可能会存在需要取消货物进出口的情况，这时就会涉及退关的问题。退关中的货物称为退关货物。对于外贸企业和外贸人员来说，最常见的是出口退关，具体流程如下。

1. 首先提交公司报告，说明退关原因

一般来说，退关原因主要有以下一些：因查验导致未能赶上此航次出运，需要延航次出运；单子正常放行后，客户决定不出货；单子海关放行后，未能及时去港区放行或漏放；因不可抗力因素，无法出货等。申请退关时企业相关负责人员应向海关具体说明退关的真实原因。

2. 提交资料给海关审验

需要提交的资料包括：一份删改单表（网上申请）、一份情况说明、一份在仓（在港）证明、报关单、放行单（一式三联）、放行单复印件、核销单和核销单复印件。

3. 海关对退关事项进行审批

海关内部就退关事项进行逐级审批，审批通过的，申请退关人员应取回海关审批好后签字的删改单表（一联）、核销单、报关单（两联），核销单上写明退关和退关日期，由海关盖退关验讫章。退关事项一般能在提交资料后 2 ~ 3 个工作日办理完成。整箱和拼箱办理退关的手续是一样的，拼箱提供在仓证明，整箱提供在港证明。

5.3

# 报关工作中的海关编码

海关编码即 HS 编码，它通过不同的数字进行编号，将所有国际贸易的商品进行规范分类，并广泛应用于国际贸易的各个环节，包括海关税则、贸易统计、运输商品计费和统计、计算机数据传递、国际贸易单证简化以及普遍优惠制税号利用等。HS 编码是国际贸易的一种标准语言。

### 5.3.1　学会看懂海关编码信息

每个海关编码都代表一个商品，可以说海关编码就是商品的身份证号，它包含了商品的具体信息，因此对于外贸人员来说，必须要知道商品海关编码每一项对应的具体内容，才能判断具体编码对应的商品类型和信息。

我国的海关编码为 10 位数字，前 8 位称为主码，后 2 位为附加码。前 2 位数字代表章目，3、4 位数字为税目，后 4 位为子目。其中，第 7、8 位为我国税则在协调制度编码的基础上增加的两级子目，第 9、10 位为划细商品而增加的 2 位商品码。下面通过对“杉木制床头柜 9403509990”各部分讲解来了解海关编码的各部分内容，如图 5-10 所示。

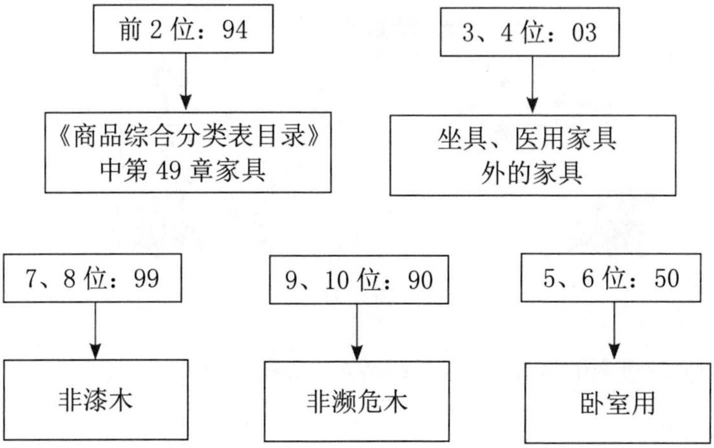


图 5-10

每类商品的海关编码都不一致，相似的海关编码对应的产品信息也可能存在天壤之别，要准确把握编码和商品之间的关系，外码人员可以参考

《中华人民共和国进出口税则》和《中国海关报关实用手册》来进行商品编码各部分的编码说明。

### 5.3.2 自助查询让海关编码更简单

在实际外贸工作中，商品的海关编码还与其税率信息、监管条件、申报要素和检验检疫类别等信息相关，因此外贸人员在知晓某类商品海关编码的条件下，还需要懂得查询其编码对应的信息，帮助其进行相关费用的核算和相关信息的申报。

目前，海关编码信息查询的方式主要是借助专门的海关编码查询网站，下面以在HS编码查询网（www.hsbianma.com）中查询海关编码“4001100000”为例来进行讲解。首先，进入HS编码查询官网，并在页面的查询文本框中输入“4001100000”，再单击“查询”按钮，如图5-11所示。

图 5-11

在打开的页面中单击“详情”超链接，如图5-12所示。

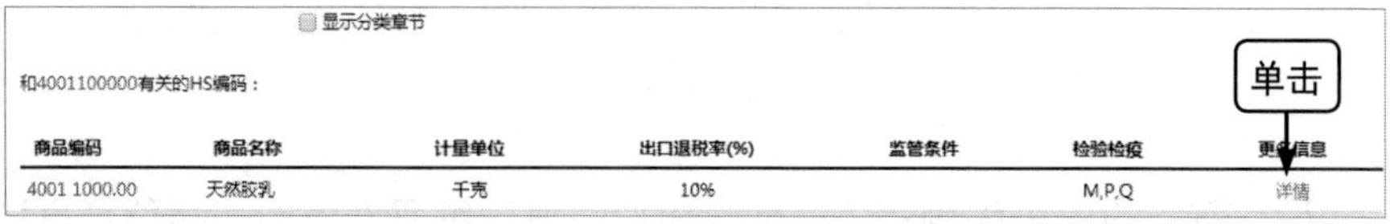


图 5-12

最后就可得到详细的查询结果，如图 5-13 ~ 图 5-16 所示。

基本信息

| | |
|---|---|
| 商品编码 | 4001100000 |
| 商品名称 | 天然胶乳 |
| 编码状态 | 正常 |
| 更新时间 | 2020/3/2 21:48:24 |

图 5-13

税率信息

| | |
|---|---|
| 计量单位 | 千克 |
| 出口税率 | 0% |
| 出口退税税率 | 10% |
| 出口暂定税率 | |
| 增值税率 | 13% |
| 进口优惠税率 | 20% |
| 进口暂定税率 | 10% |
| 进口普通税率 | 40% |
| 消费税率 | - |

图 5-14

申报要素

| | |
|---|---|
| 0 | 品牌类型 [?] |
| 1 | 出口享惠情况 [?] |
| 2 | 外观 |
| 3 | 包装 |
| 4 | 签约日期 |
| 5 | 干胶含量 |
| 6 | GTIN |
| 7 | CAS |

图 5-15

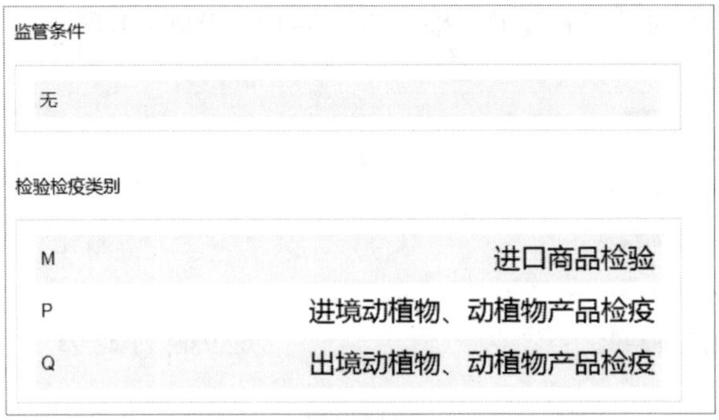


图 5-16

另外，若外贸人员只知道商品名称，不知道商品的海关编码，也可在图 5-11 中输入想要查询的商品名称，并单击“查询”按钮，即可得到想要查询的商品的海关编码以及编码对应的详细信息。例如以商品名称“菜籽”为查询对象进行查询，其结果如图 5-17 所示。

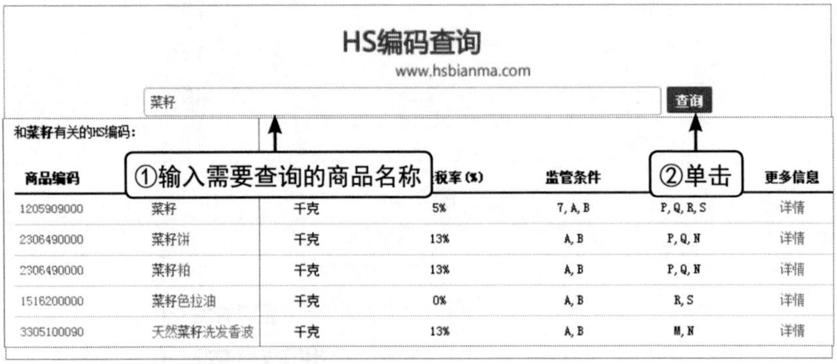


图 5-17

# CHAPTER06 第6章

# 出货要靠运输

运输是使进出口货物按照贸易方向进行实际流动的主要手段，没有运输，也就无所谓进出口贸易。外贸进口方通过运输获取境外货物，再在国内市场销售盈利；外贸出口方通过运输输出本国货物，获取国外进口方的货款，从而实现出口盈利。因此，运输是外贸企业进行进出口贸易过程中的重要环节。

6.1

# 外贸运输，不仅仅是运输

外贸运输与普通的货物运输不同，并不只是单纯地将目标货物从一个地点运送至另一地点，实际中的外贸运输，是基于外贸运输主体（即外贸企业和想通过外贸交易盈利的个人）而产生的。因此，怎样选择最经济有效的运输方式以及怎样专业地处理运输过程中可能出现的各种问题，是需要考虑和解决的问题。

## 6.1.1 五花八门的运输方式

在对外贸易中涉及的运输方式很多，我国外贸企业最常用的有海洋运输、铁路运输和航空运输，这 3 种运输方式各有优缺点，具体见表 6–1。外贸企业可以单独采用一种，也可同时采用多种方式运输。

表 6–1 主要的外贸运输方式

| 运输方式 | 描述 | 优势 | 劣势 |
| --- | --- | --- | --- |
| 海洋运输 | 运用最广泛的对外贸易运输方式，主要是利用船舶，在不同国家和地区之间的港口进行运输货物 | 不受轨道或道路限制，通货能力大；船舶本身载重量大，故运输量大；航运距离远，运输单位的成本低 | 受气候和海洋条件影响大；航期不确定性较大；运输速度相对较慢；运输过程风险较大 |

续上表

| 运输方式 | 描述 | 优势 | 劣势 |
|---|---|---|---|
| 铁路运输 | 仅次于海洋运输的运输方式，大多数海洋运输货物由铁路运输进行集散 | 受气候条件影响极小，运输具有较高的连续性；运量大；速度较快；运输过程风险较小；运输手续比海洋运输更简便 | 成本比海洋运输高；受恶劣天气影响较大 |
| 航空运输 | 是现代化的运输方式，适用于运送急需物资、鲜活商品、精密仪器和贵重物品 | 运输速度快；货运质量高；不受地面条件的限制 | 成本较高；受天气影响极大 |

除了从运输方式本身的优劣进行考虑，外贸企业和外贸人员在选择时还需要综合对以下要素进行考虑，选择最适合、最经济的运输方式。

◆ 运输成本

运输成本是选择运输方式应考虑的首要因素，特别是对于一些利润较低的产品来说，其运输成本可能会占利润的30% ~ 70%，如煤炭和矿产等。因此，对于一些微利商品，外贸企业和外贸人员应尽量选择运输成本最低的方式，如海运，可以直接降低交易成本。

◆ 运输速度

一般来说，运输速度和运输成本成反比，选择速度较慢的运输方式可以为企业和个人节约运输成本。但另一方面，也可能因此遭受更大的货物贬值损失。

货物的价格可能在较长的运输周期中发生较大变动，导致外贸企业不能以预期价格进行成交并获利。因此，对于一些价格变动不确定性较大或变动较快的货物，应选择一些速度较快的运输方式，这样虽然增加了一些运输成本，但能避免因货物价格的不确定性变动而带来损失。

◆ 运输货物的数量和重量

若所需运输的进出口货物的数量较多或重量较大，则应该选择载重较大的运输方式，如海运和铁路运输，以避免因装载或运输多次而增加成本。

◆ 运输条件和货物本身特点

在选择运输方式时，国内外的运输基础设施条件是必须考虑的因素：一方面，外贸企业和人员需要考虑国内可以进行哪些运输方式；另一方面，还需要考虑收货国家和地区可以接受哪些运输方式。

此外，还需要考虑货物本身的品质特点，若货物本身容易变质或无法长时间存放，则就要选择速度较快的运输方式；如果货物不能受潮，那可能就要避免采用海运的方式。

### 6.1.2 外贸运输是有任务、有要求的运输

外贸运输并非运完即止，外贸运输的实质是履行外贸合同。因此，运输的事前、事中和事后都必须按照合约方的要求进行，外贸企业和外贸人员必须正确把握外贸运输的要求。

1. 按时、按质和按量地完成进出口货物运输

对外贸易合同签订后，交易双方需要通过运输，在规定时限内，将进出口货物分别运入和运出至约定地点，商品的流通才能实现，贸易合同才能履行。因此，外贸运输必须做到按时、按质和按量。

“按时”就是根据贸易合同的装运期和交货期条款的规定履行合同；“按

质”就是按照贸易合同质量条款的要求履行合同；“按量”就是尽可能地减少货损和货差，保证贸易合同中货物数量条款的履行。

2. 选择最佳的运输路线和最优的运输方案，合理运输

所谓合理运输，就是按照货物的特点和合理流向以及运输条件，使货物达到目的地所用的运输距离最短、环节最少、费用最低、时间最短。

通过本章第一节的内容，我们知道了外贸企业和外贸人员应该从哪些方面来选择最优的运输方案，在保证货物安全和合约正常履行的前提下节约运输成本，提高交易利润。

除此之外，外贸企业和外贸人员还需选择合适的运输方式，这主要是对运输路线的选择。一般说来，应尽量安排直达运输，减少运输装卸、转运环节，缩短运输时间，节省运输费用。

对于必须进行中转的进出口货物，也应选择适当的中转港和中转站。进出口货物的装卸港，一般应尽量选择班轮航线经常停靠的，自然条件和装卸设备较好、费用较低的港口。进口货物的卸港，可根据货物流向和大宗货物用货地来考虑；出口货物的装港，还应考虑靠近出口货物产地或供货地点，减少国内运输里程，节约运力。

### 6.1.3　为外贸运输买个保险

外贸运输不同于国内运输，其运输距离较长、时间久且交易双方难以面对面沟通，运输过程中面临的风险也更大，因此为了最大程度规避运输风险，避免货物损坏而给企业和个人带来损失，常常会给运输货物买个保险。

不同运输方式下的保险种类不同，而不同的险种，又对应了不同的保险范围，具体的险种见表 6–2。

表 6–2 不同运输方式下的保险险种

| 运输方式 | 险种 | 保险范围 |
|---|---|---|
| 海洋运输 | 平安险 | 1. 运输过程中，由于自然灾害和运输工具发生意外事故，被保险货物的实际全损或推定全损；<br>2. 由于运输工具遭搁浅、触礁、沉没或互撞，与其他物体碰撞以及失火、爆炸等意外事故造成被保险货物的部分损失；<br>3. 装卸转船过程中，被保险货物一件或数件落海所造成的全部或部分损失；<br>4. 运输工具遭受自然灾害或意外事故，在避难港卸货所引起被保险货物的全部或部分损失；<br>5. 运输工具遭自然灾害或意外事故，<br>6. 因在中途港口或在避难港口停靠而引起的卸货、装货、存仓以及运送货物所产生的特别费用；<br>7. 发生共同海损所引起的公摊费和救助费用等；<br>8. 发生了保险责任范围内的危险，被保险人对货物采取抢救、防止或少损失的各种措施而产生的合理费用。但保险公司承担费用的限额不能超过这批被救货物的保险金额。施救费用可以在赔款金额以外的一个保险金额限度内承担 |
| | 水渍险 | 1. “平安险”包含的所有损失；<br>2. 被保险货物由于恶劣天气、雷电、海啸、地震、洪水等自然灾害所造成的部分损失 |
| | 一切险 | 1. “平安险”和“水渍险”包含的所有损失；<br>2. 货物在运输过程中，因各种外来原因所造成保险货物的损失。不论全损或部分损失，除对某些运输途耗的货物，经保险公司与被保险人双方约定在保险单上载明免赔外，保险公司都给予赔偿 |
| 陆路运输（铁路运输和公路运输） | 陆运险 | 被保险货物在运输途中遭受暴风、雷电、地震、洪水等自然灾害，或由于陆上运输工具（主要是指火车、汽车）遭受碰撞、倾覆或出轨等导致的全部或部分损失，相当于海洋运输中的“水渍险” |
| | 陆运一切险 | 1. “陆运险”包含的所有损失；<br>2. 由于外部原因造成的短少、短量、偷窃、渗漏、碰损、破碎、钩损、雨淋、生锈、受潮、发霉、串味和沾污等全部或部分损失 |

续上表

| 运输方式 | 险种 | 保险范围 |
| --- | --- | --- |
| 航空运输 | 运输险 | 1. 被保险货物在运输过程中，由于自然灾害造成的整批货物全部损失或推定全损；<br>2. 由于运输工具遭受意外事故造成货物全部或部分损失；<br>3. 在运输工具已经发生意外事故的情况下，货物在此前后又在空中遭受自然灾害坠落造成的全部或部分损失；<br>4. 在装卸或转运时，由于一件或数件货物坠落造成的全部或部分损失；<br>5. 投保人对遭受承保范围内的货物采取抢救、防止或减少货损的措施而支付的合理费用，但以不超过该批被救货物的保险金额为限；<br>6. 运输工具遭难后，在避难港由于卸货所引起的损失以及在中途港、避难港由于卸货、存仓以及运送货物所产生的特别费用；<br>7. 共同工作人员的牺牲、分摊和救助费用；<br>8. 被保货物由于自然灾害造成的部分损失 |
|  | 一切险 | 1. 被保险货物在运输途中遭受雷电、火灾、爆炸或由于飞机遭受恶劣气候或其他危难事故而被抛弃，或由于飞机遭受碰撞、倾覆、坠落或失踪等自然灾害和意外事故所造成的全部或部分损失；<br>2. 被保险货物由于一般外来原因所造成的全部或部分损失 |

在对外贸易中，由哪一方负责投保运输保险，一般是根据买卖双方商订的价格条件来确定的。如若按 FOB/FCA 条件和 CFR/CPT 条件成交，就应由买方投保；如按 CIF/CIP 条件成交，则应由卖方投保。

投保人在投保时应将货物名称、保额、运输路线、运输工具、开航日期和投保险别等逐一列明。投保的程序如下。

◆ 第一步，确定保险金额

保险金额是货物发生损失后计算赔偿的依据。按照国际惯例，保险金额一般按照商业发票上 CIF/CIP 的预期利润加 10% 计算。但是，在实际交易中保险金额的确定因各国市场情况和进出口贸易的管理办法而异。目前向中国人民保险公司办理进出口货物运输保险，有两种办法：一种是逐笔投保；另一种是按签订预约保险总合同办理。

◆ 第二步，填写投保单

投保单是投保人向保险人提出投保的书面申请，投保人应在投保单上写明被保险人的姓名、被保险货物的品名、标记、数量及包装、保险金额、运输工具名称、开航日期及起讫地点、投保险别、投保日期及签章等内容。

◆ 第三步，付费取单

付费取单即支付保险费，收取保险单。保险费按投保险种的保险费率计算，而保险费率是在不同的险别、商品、运输方式和目的地的基础上，参照国际费率水平而制订的。它分为“一般货物费率”和“指明货物加费费率”两种。前者是一般商品的费率，后者是特别列明的货物（如某些易碎、易损商品）在一般费率的基础上另行加收的费率。

交付保险费后，投保人即可取得保险单。保险单就是保险人与投保人之间的保险契约，是发生保险范围内的损失或灭失时，投保人要求保险人赔偿的依据。

◆ 第四步，损失赔偿

当被保险货物发生属于保险责任范围内的损失时，投保人可以向保险人提出赔偿要求。被保险货物运抵目的地后，收货人如发现货物短少或有明显残损，应立即向承运人或有关方面索取货损或货差证明，并联系保险公司指定的检验理赔代理人申请检验，提出检验报告，确定损失程度。

同时向承运人或有关责任方提出索赔。属于保险责任的，可填写索赔清单，连同提单副本、装箱单、保险单正本、磅码单、修理配置费凭证、第三者责任方的签证或商务记录以及向第三者责任方索赔的来往函件等向保险公司索赔。需要注意的是，索赔应当在保险有效期内提出并办理，否则保险公司可以不予办理。

### 6.1.4　租船订舱怎样进行

所有的外贸运输方式中，使用最多的是海洋运输。选择一个好的船运公司并预定合适的舱位，可以让运输开一个好头，同时也可免去运输过程中的一些后顾之忧，在保证货物安全的同时，节约运输成本。

租船订舱包括租船和订舱两个部分的内容，在货物交付和运输过程中，如果标的货物数量较多，外贸人员一般采用预定整只或多只船的运输方式，称为“租船”；若标的货物的数量较少，为了避免不必要的成本，会采用租赁部分舱位的方式来进行运输，称为“订舱”。

租船订舱环节直接决定外贸企业是否能够按照合同约定将出口货物及时发货和运输。因此为了保证运输能够顺利进行，外贸企业和外贸人员在与船公司沟通时需要把握以下原则。

（1）船公司应提供详细准确的船期表，外贸人员应据此清楚知晓船、货情况，并在船舶抵达港口或截止签单前办理好托运手续。

（2）外贸人员办理订舱手续时应尽量保证信息准确无误，且对已报信息尽量不进行修改。尽量避免因增加订舱数量、退载和变载等情况而影响承运人和船、货代理人以及港务部门的工作。

（3）运输货物中有特殊货物的（如散装油类、鲜活货物类和冷藏货物类等），应事先告知承运人或船、货代理人，对其有额外运输要求的，还应进行单独说明。

知晓并落实以上原则，可以使外贸人员在租船订舱时做到心中有数，再辅之以正确的租船订舱流程，就可保证该项工作能较好完成，其流程主要如下。

（1）向船公司进行询价。外贸企业和外贸人员向船公司询价时需要提供以下信息：需运输货物的目的地（港）、货物名称、数量、重量、危险级别。同时还需要了解船公司的一些信息：船期信息、收费标准、航线、装箱价格等。

（2）船公司接单。外贸企业和人员进行询价之后，船公司一般会做出接单或不接单的反馈，若船公司接单，会向委托人明确以下信息：船期、件数、箱型、毛重、体积、付费条款、做箱情况和联系方式等。

（3）发出委托手续。外贸企业对外运公司发出委托托运手续，并填写外运公司提供的托运单（称为“订舱委托书”），详细记录托运事项的详细信息，并以此作为向外运公司租船订舱的依据。

（4）审核托运单。外运公司对收到的托运单进行审核，确定装运船舶后将托运单的配舱回单退回，并将全套装货单交给外贸企业填写，然后由外运公司代表外贸企业作为托运人向外轮代理公司办理物托运手续。

（5）签收“收货单”。货物经海关查验放行后，即由船长或大副签收“收货单”，又称为大副收据，它是由收货单的船公司签发给托运人，表明货物已装妥的临时收据。托运人凭收货单向外轮代理公司交付运费并换取正式提单。

（6）费用结算。海运费的结算方式有两种：预付和到付。预付是在达成租船订舱合约之后，货物到货之前付款；到付是在货物到目的港或收货方收货后进行付款。海运费的费用类型一般包括：订舱费、做箱费、冲港（关）费、提货费和更改费等，委托报检报关的，还包括商检费和报关费。

### 6.1.5 整箱还是拼箱

爱“拼”才会赢，外贸运输也是如此，对于一些货物量较大的交易，毋庸置疑，可以用整箱甚至多个整箱运输，但有时难免会遇到一些量不大的交易，货物量不足一个整箱，这时为了减少不必要的成本，就可以考虑拼箱。

整箱是指发货方自行将货物装满整箱以后，以箱为单位托运的集装箱。拼箱是指当发货方货物不能装满整箱时，向船公司提供小票货运委托，由船公司按货物性质和目的地进行分类整理，把去同一目的地的货物，集中到一定数量拼装入箱。

那么，对于一批货物，是否足够整箱的用整箱运送，不足整箱的用拼箱运输就一定更省钱呢？外贸企业和外贸人员应该怎样来判断整箱和拼箱的成本到底是怎么样的呢？

对于一批货物，当外贸人员不知道应该采用整箱还是拼箱时，可以借助一些费用查询网站来对比两者的费用，从中选取成本较低的一种。下面以“物流巴巴”为例来进行介绍。

首先，进入物流巴巴官网（http://www.5688.com.cn/），在打开的页面中单击出发港下拉按钮，在其下拉列表中选择出发港，在查询文本框中输入目的港城市名称或港口代码，再单击“海运费查询”按钮，如图 6-1 所示。

图 6-1

在打开的页面中会看到深圳到新加坡的所有船公司的航线信息，包括航运有效期、起运港 – 目的港、价格、集装箱大小类型、截关日期和航程等，然后在该页面中单击“运价详情”按钮，如图 6–2 所示。

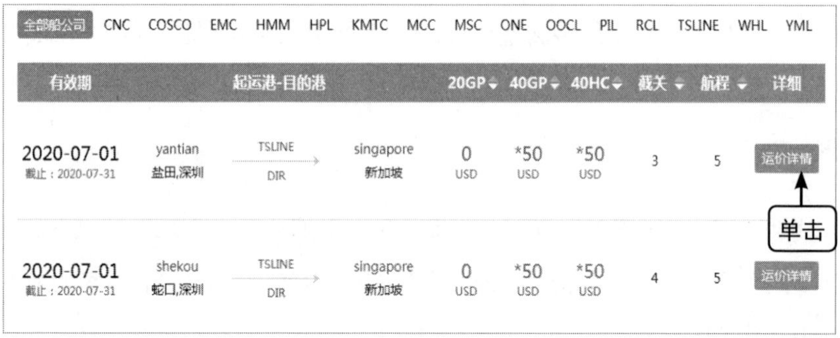


图 6–2

得到此次整柜运输的费用信息，包括不同大小集装箱的运输费用和附加费用，如图 6–3 和图 6–4 所示。

图 6–3

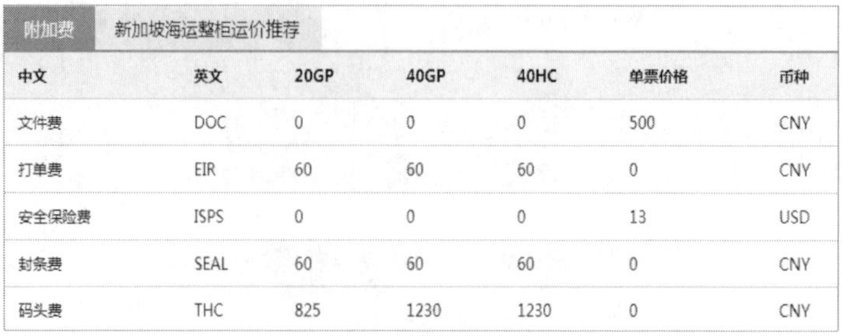
附加费　新加坡海运整柜运价推荐

| 中文 | 英文 | 20GP | 40GP | 40HC | 单票价格 | 币种 |
|---|---|---|---|---|---|---|
| 文件费 | DOC | 0 | 0 | 0 | 500 | CNY |
| 打单费 | EIR | 60 | 60 | 60 | 0 | CNY |
| 安全保险费 | ISPS | 0 | 0 | 0 | 13 | USD |
| 封条费 | SEAL | 60 | 60 | 60 | 0 | CNY |
| 码头费 | THC | 825 | 1230 | 1230 | 0 | CNY |

图 6–4

对于同一批货物，若要查询拼箱费用，则单击“拼箱运价”选项卡，再选择出发港，输入目的港城市名，单击“海运费查询”按钮即可，如图 6–5 所示。

图 6–5

然后按照前述整箱运价的查询方式，即可查询到拼箱运价的所有费用，再将拼箱运价与查询到的整箱费用进行对比，即可知晓对于同一批货物，整箱和拼箱的费用哪个比较低，以帮助外贸企业和外贸人员节省运输成本。

## 6.1.6　学会计算运输费用

海洋运输占对外贸易运输量的 2/3 以上，其优势相较于其他运输方式非常明显，对外贸交易来说，运输费用是交易中的一项固定成本，因此相关人员必须知晓其费用构成以及费用核算方式，以保证费用清晰。

一般来说，海洋运输的费用由 3 部分构成：基本运费、附加费和其他特殊附加费，每个部分的具体费用如下。

- 基本运费：基本运费也称为基本海运费，是指一个计费单位（如一吨）货物收取的基本运费。若采用集装箱运输，则基本运费与运输货物的大小及使用的集装箱大小有关。

◆ 附加费：主要是常见的附件费，有码头费、文件费、提单费、拼箱费、原产地收货费、电放费、码头操作费、装货港接货费、舱单费、中转费、打单费和封条费等。

◆ 其他特殊附加费：视船公司和目的港相关规定而定，主要包括燃油附加费、货币贬值附加费、超重附加费、港口拥挤附加费、战争附加费和旺季附加费。

海运一般会采用集装箱运输，而不同尺寸的集装箱可装载的货物体积和重量也不同，因此在运输时需要选择与货物最匹配的集装箱，以保证利用率最高，表 6–3 是常用集装箱的框型、尺寸、容积和载重。

表 6–3　常用集装箱的框型、尺寸、容积和载重

| 柜型 | 尺寸（长 × 宽 × 高） | 容积 | 配货毛重 |
|---|---|---|---|
| 20 尺（20GP） | 5.69 米 ×2.13 米 ×2.18 米 | 26 立方米 | 17.5 吨 |
| 40 尺（40GP） | 11.8 米 ×2.13 米 ×2.18 米 | 54 立方米 | 22 吨 |
| 40 尺高 (40HQ) | 11.8 米 ×2.13 米 ×2.72 米 | 68 立方米 | 22 吨 |
| 45 尺高 (45HQ) | 13.58 米 ×2.34 米 ×2.71 米 | 86 立方米 | 29 吨 |

下面来看一个用集装箱运输的案例，具体了解海洋运费应该如何计算。

某商品需出口到美国，目的地是亚特兰大港，该产品的体积为每包装箱 0.16 立方米，每包装箱装 50 件该商品，每个 20 尺集装箱价格为 1 400 美元，每个 40 尺集装箱价格 2 500 美元，拼箱价格为每立方米 70 美元，当日汇率为 1 美元≈ 7.067 元人民币，问当运输数量为 5 000 件时，该商品的集装箱费用为多少？

集装箱费用计算如下：

①计算该批商品的总体积

总体积 =5 000÷50×0.16=16 立方米

②计算每种集装箱费用

若拼箱和使用20尺整箱的集装箱费用分别为：

拼箱费用 =16×70=1 120 美元，整箱费用 =1 400 美元

故采用拼箱费用较少。

③将费用换算为人民币

拼箱费用 =1 120 美元 ×7.067 ≈ 7 915.04 元人民币

下面再看一个已知基本费率和附加费，怎样计算总的海运费的案例。

某货物出口到英国普利茅斯港，货物的重量为10吨，体积为11立方米，基本费率为每吨115元，直航附加费为每吨20元，燃油附加费为30%，问此次运输的全部费用是多少？

总运费 =（基本费率 + 直航附加费 + 燃油附加费）× 货物总吨数

=（115+20+115×30%）×10

=1 695 元

## 6.2 玩转货代，才能不被货代玩

货代全称为货运代理，是外贸交易和运输中常常会听到的一个词。有的外贸企业和外贸人员为了节省时间和精力，专注于客户和业务开发，同时也为了提高货物运输效率，就会通过委托运输的方式将运输事务全权交由货代负责，为自己省去麻烦。

### 6.2.1 指定货代还是普通货代

货代的工作内容主要是接受客户委托，完成客户交代的货物运输的部分或全部环节，以及与运输环节有关的事项。

指定货代就是国外收货人（买方）要求国内发货人（卖方）通过其指定的货运公司将货物运输到目的港，这个指定的货运公司就是指定货代。在指定货代下卖方没有主动权，只能按照买方事先指定的货代运送。指定货代一般发生在 FOB 报价方式下。

在 FOB 报价方式下，买方指定货代后，货代会直接与卖方确定船期和报价，然后将确定好的装船日期和其他信息告知外贸企业，外贸企业据此将货物按时运送至指定地点。FOB 下的指定货代，买卖双方对于费用的分摊方式如下：装船前的本地费用由卖方外贸企业负责；装船后的费用，包括海运费、保险费和附加费等都由买方负责。

普通货代是指买方不指定货代，由卖方企业自行选择国内货代，主动权完全掌握在卖方手中。这时关键在于怎样选择一个合适的，对卖方有利的货代公司。主要可以从以下 4 个方面进行考虑。

◆ 多方面核查货代公司本身资质和实力

“名不正则言不顺”，对货代公司最基本的要求是正规。因此外贸企业和外贸人员在选择货代公司时，一定要严格审核该公司的证件是否齐全，公司登记信息是否真实，必要时可对其进行实地考察确认。此外，还可通过查看和核实公司的历史业绩来衡量公司的实力和经验，将运输风险降至最低。

◆ 好的货代应熟知不同货物适用什么样的运输方式

海洋运输有 4 种不同的方式：班轮运输、租船运输、无船承运人运输和多式联运，每种运输方式有不同的特点，一个合格的货代要能把握这些特点，为外贸企业选择是适合的运输方式。

班轮运输的时间、航线、港口顺序和费率都比较固定；租船运输与班轮运输相反，航线和时间表都不固定，是由供求关系决定走哪条航线和什么时间出发，适合大宗散货承运；无船承运人运输是指从事定期营运的承运人，承运人只拥有运输权，对船舶并不具有经营或所有权，有较大风险；多式联运又称为多联式运输，是指同时采用两种或两种以上的运输方式，该类运输一般由合同约定，成本费用较高。

◆ 货代对运输航线的熟悉程度

一个对于拟进行外贸运输的所经航线较为熟悉的货代，必定比一个对该航线一无所知的货代更有竞争力，也更值得信任。对航线的熟悉程度是货代经验丰富程度的体现，对航线越熟悉，考虑到的运输事项就会越全面，对于突发事件的处理也会更及时。因此，外贸企业和外贸人员在选择货代时，应选择对航线有一定熟悉度的货代。

◆ 就近原则

就近原则包括两个方面的含义：一是货代公司与外贸企业的距离应尽可能近，便于双方之间的沟通；二是对于收货人就近，即看该货代公司在收货人所在地是否有分支机构，保证当发生某些突发状况时，可以由其出面为外贸公司解决问题，如客户恶意压价或无力赎货等。

指定货代和普通货代最主要的区别就在于卖方主动权的掌握程度，指定货代下卖方企业比较被动，因此在实际外贸工作中，采用普通货代的情况更多。

### 6.2.2 看懂货代报价，才能分辨报价

货代报价不同于超市购物，购物标签单可以直接地将商品价格展现出来，一目了然。货代报价通常较为复杂，价格明目较多，且经常使用专有名词或缩写。因此对于毫无经验或经验不足的外贸人员来说，将一份货代的报价单弄得十分清楚是有一定难度的，也是需要学习的。

一般来说，外贸企业在寻找货代时首先会进行询价，随后货代会对询价进行回复，并给出其报价，不同装运方式下报价有所不同，下面以柜货和散货为例进行讲解，分别见表 6–4 和表 6–5。

表 6–4 柜货的货代报价及说明

| 报价要素 | 要素说明 |
|---|---|
| POL：SHENZHEN | 起运港为深圳 |
| POD：SINGAPORE | 目的港为新加坡 |
| O/F：USD1225/25502/6000 | 20GP/40GP/ 40HC 的海运费分别为 USD1225、25502、6000 |
| ENS：USD30/BL | 入境申报费为 30 美元 / 票 |
| ORC：RMB1000/1850/1850 | 20GP/40GP/40HQ 的原产地附加费分别为人民币 1000、1850、1850 元 |
| DOC：RMB500/BL | 文件费为人民币 500 元 / 票 |
| SEAL：RMB 50/CNTR | 封条费为人民币 50 元 / 柜 |
| TLX：RMB500/BL | 电放费为人民币 500 元 / 票 |
| EIR：RMB50/CNTR | 打单费为人民币 50 元 / 柜 |
| TRU：RMB950/CNTR | 拖车费为人民币 950 元 / 柜 |
| CUS：RMB400/BL | 报关费为人民币 400 元 / 票 |
| INS：按货值的 1‰，最低 RMB100 | 保险费按货值的 1‰计算，最低为人民币 100 元 |
| Shippingline：MSC | 船公司为地中海航运公司 |

续上表

| 报价要素 | 要素说明 |
|---|---|
| Shippingline：MSC | 船公司为地中海航运公司 |
| CLS：SUN（CHIWAN） | 截关日期为周日，截关港口为赤湾港 |
| ETD：TUE | 开船日期为星期二 |
| T/T：25days | 总航程为 25 天 |
| DateValid：30/6 | 报价单有效期截至 6 月 30 日 |
| 20GP TOTAL：RMB 10878.6 | 20 尺整箱价格为人民币 10878.6 元 |

表 6-5　散货的货代报价及说明

| 报价要素 | 要素说明 |
|---|---|
| POL：GUANGZHOU | 起运港为广州 |
| POD：VARNA | 目的港为瓦尔纳 |
| O/F：USD5/CBM | 海运费为 5 美元 / 立方米 |
| Local charges in GUANGZHOU（FOB） | 在当地产生的费用按 FOB 报价方式分摊 |
| ENS：USD 25/BL | 入境申报费为 25 美元 / 票 |
| CFS：RMB40/CBM | 拼箱费为 40 美元 / 立方米 |
| DOC：RMB300/BL | 文件费为人民币 300 元 / 票 |
| CUS：RMB320/BL | 报关费为人民币 320 元 / 票 |
| TRU：RMB300 | 提货费为人民币 300 元 |
| 船期：四截三开 | 周四截关，周三开船 |
| T/T：14days | 航程为 14 天 |
| Shippingline：MSK | 船公司为 MSK 船公司 |

### 6.2.3　学会与货代谈判

价格是谈出来的。对于货代的报价，外贸企业和外贸人员往往不会一次性接受，而是要先对价格进行评估和对比，看报价是否合理，是否符合企业和个人预期。对于不合理或超出预算的报价，就需要和货代磋商，进行讨价还价，所以在这之前掌握一些谈判技巧，无疑会对外贸企业和外贸人员有所助益。

选择货代的过程可以看作一个买卖的过程，外贸企业和外贸人员买的是货代的服务，既然是买卖，免不了需要货比三家，了解的信息太少，会对做出决策不利。因此在选择货代之前，需要了解整个货代市场的整体状况和水平，包括市场上货代公司的数量、规模、服务水平和平均收费水平等。

以上信息可以通过一些综合性网站或货代公司官网进行了解,在此基础上，应结合自身实际和运输货物的特点，将其与货代公司的优势进行匹配，选择几家目标货代公司，然后向其进行询价，询价后再对报价进行横向和纵向对比，选定 1 ~ 2 家作为谈判的对象。

在最终选定的所需谈判的货代中，可以将其中规模最大、实力最强的作为主要的谈判对象，需要注意谈判时不要一味压价，企业都是逐利的，货代公司也一样。因此，合理范围内的利润是不应该过分对其进行压缩，谈判时需要给对方留有余地，比起一味压价，选择一个市场平均价格，或稍高于市场平均水平的价格，赢得货代公司专业全面的服务，也未尝不是一件好事。

另外还有指定货代提价的情况，因为货代是收货方指定的，外贸企业和外贸人员的话语权很小，所以若对方提价，外贸企业要求降价就比较困难，此时一般只能从收货方入手，建议收货方与其进行价格谈判或直接替换为其他的指定货代。

若收货方不对此采取措施，外贸企业和外贸人员就需要在签合同时与之明确约定指定货代的费用分摊问题，若为 FOB 报价，则一定在合同中写明上船后的所有费用均由收货方支付，保障自身权益，避免成本增加。

总之，与普通货代谈判时，需要从市场整体收费水平、货代公司实力和运输需求等多方面进行考虑，不能一味压价，应给对方留有合理利润，以便后续合作。对于指定货代的价格谈判，一般交由收货人，否则，就应在合同中明确约定货代费用分摊，以免增加外贸企业费用。

## 6.3 提单：外贸运输双方的契约

在现代社会中，约定交易双方权利义务的最好方式就是契约，真实有效的契约，是双方维护权益和弥补损失的最好依据。在外贸运输中，提单是保障托运人和承运人双方权益的契约，是处理双方之间运输问题的主要依据。

### 6.3.1　懂得用提单实现应有的权利

提单是指用来证明货物运输合同已经被承运人接收，货物已经由承运人装船，且承运人保证已根据提单交付货物的单证。提单在承运人拟定且托运人对其进行认可时生效，提单生效的同时运输契约成立。

外贸企业和船公司（或货代）必须依照提单履行各自的权利义务，对于外贸企业和外贸人员来说，最重要的是需要知道可以用提单来实现自己的哪些权利，到底可以用提单来做些什么。

1. 要求承运方按时装船的权利

承运船公司签发提单，则意味着货物已被其接管或已装船，此时提单不仅可以作为货物种类、数量、标志和外表状况等的收据证明，签发提单的时间也可作为承运人收到货物的时间证明。外贸企业和外贸人员可以据此要求承运人在规定时间内进行装船和发货，否则可以将提单作为其不按规定履行运输条款的依据，若因没有按时发货而导致外贸企业交货延迟或交货失败，则可据此向承运人要求赔偿。

2. 据此提取货物的权利

提单的实质就是物权凭证，提单的合法持有人也是提单所载物权的所有人，可以根据提单依法提取提单中注明的货物。若提取货物请求人并非真正的收货人，承运人也没有理由拒绝。因此外贸企业需要确保提单安全顺利地转交给收货人而非他人，否则可能会带来极大损失。因提单被转移给收货人之外的他人，而货物被该人提取的，承运人不承担由此带来的损失。

另外，将提单交付给收货人的同时，权利和风险都一起转移，即货物在运输过程中遭受的损失或灭失，都由收货人承担，收货人可就损失向承运人要求赔偿。

3. 就提单条款维护权益的权利

提单是运输双方意思表示一致的证明，通常在签发之前，承运人就开始据此进行货物装船和运输事项的安排和处理工作，因此它是双方运输合同的有效证明。

如果运输双方之间已经签订了正式的运输合同，那么双方的权利义务就以合同为准；若双方没有签订运输合同，且双方都没有对提单提出任何异议，那么此时提单就是运输合同，即使提单上没有双方签字，也依然具有合同效力。

此时，外贸企业或个人就可以根据提单条款内容维护自身权益。

### 6.3.2　识别提单，才能保障自身利益

提单一般由承运方拟定，因此对外贸企业和外贸人员来说稍显被动。此时，对提单内容的审核就变得十分重要，因为一旦托运人对提单内容默认，提单就即刻生效，对托运人产生约束效力。所以，在此之前托运人一定要对提单的各个条款进行审核，及时提出异议，保障自身权益，避免提单条款风险。

要识别和审核提单，首先就要清楚提单的必备内容有哪些，这样才能使审核做到有理有据。根据《中华人民共和国海商法》的有关规定，提单内容的必备条款见表 6–6。

表 6–6　提单的必备条款

| 正面内容 |
| --- |
| 1. 货物的名称、唛头、数量、表面标志、重量或体积以及危险物质运输说明 |
| 2. 承运人名称和主要营业所在地 |
| 3. 运输船舶名称 |
| 4. 托运人（外贸企业或个人）名称 |
| 5. 收货人（国外买方）名称 |
| 6. 接收货物日期及装货港名称 |
| 7. 卸货港名称及交付日期或期限 |
| 8. 为多式联运的，需记载增加的接收货物港口名称和卸货港名称 |
| 9. 签发提单的日期、地点和份数 |
| 10. 托运人应付运费金额或应由收货人支付运费的说明 |
| 11. 承运船公司负责人或法定代表人签字 |
| 12. 由于违背以上规则而损害托运人或承运人利益的条款均无效的声明 |

续上表

| |
|---|
| 13. 货物应该或者可以在舱面装运的说明 |
| 14. 双方的违约责任 |
| 15. 免责条款说明 |
| 16. 航次顺号、船长姓名、运费的支付时间和地点、汇率、提单编号及通知人 |
| 17. 承运人和托运人分别作的免责条款及承诺条款 |
| **背面内容** |
| 1. 定义条款：是对提单主体或专有名词用语含义和范围的规定和解释。如货方包括托运人、受货人、发货人、收货人、提单持有人以及货物所有人 |
| 2. 首要条款：提单的第一条，用于明确提单所受制约的国际公约或适用的法律条款 |
| 3. 管辖权条款：规定提单双方发生争议时由哪国行使管辖权，即由哪国法院审理，有时还规定法院解决争议适用的法律 |
| 4. 承运人责任条款和责任期间：即规定承运人在货物运送中应负的责任和免责事项，以及应负责任的起止时间 |
| 5. 装货、卸货和交货条款：托运人在装货港提供货物和收货人在卸货港提取货物时的义务 |
| 6. 选港条款：内容一般为只有当承运人与托运人在货物装船前有约定，并在提单上注明时，收货人才可以选择卸货港 |
| 7. 运费和其他费用条款：托运人或收货人应按提单正面记载的金额、货币名称、计算方法、支付方式和时间支付运费，及货物装船后至交货期间发生的，应由其承担的其他费用，以及运费收取后不再退还等规定 |
| 8. 自由转船条款：在运输过程中，因实际需要，承运人可视情况作出改变航线、港口或将货物交由承运人自有的或属于他人的船舶，或使用其他运输工具将货物运输至目的港，由此发生的费用由承运人承担，风险由托运人承担 |
| 9. 赔偿责任限额条款：承运人对每件或每单位货物支付的最高赔偿金额 |
| 10. 危险货物条款：对于运送危险货物的，若托运人未事先告知承运人，且未作任何危险标志的，承运人为了保证船货安全，有权对危险货物进行处置，由此产生的损失由托运人自己承担 |
| 11. 舱面货条款：对于舱面货或活动物的装载、运输、保管和卸载均由货方承担风险，承运人对货物灭失或损坏不负赔偿责任 |

外贸人员审核提单时，一定要从正面内容和背面内容两个角度进行审核，逐一查看条款内容的完整性和合理性。上表所列条款均为提单必备条款，若承运人提供的提单中缺少以上所列的部分内容，外贸人员一定要与之确定原因，

否则应该拒绝接受提单。

此外，表中所列内容为提单的主要条款而非全部内容，承运人可能会根据自身业务需要和托运人的要求增加其他内容。

### 6.3.3　填写提单，要做到心中有数

提单是外贸企业和外贸人员据以维护权益的主要工具，因此，提单内容填制是否规范完整十分重要，同时内容填写的正确性也关系到承运方对运输事项的安排和执行，所以外贸人员一定要懂得如何规范填写一份提单。下面分别来说明提单的每个部分应该怎样填写。

- ◆ 提单编号：由承运人填写，一般列于提单右上角，为数字连续编号，方便承运人查找。发货人向收货人发送装船通知时，也需要列明船名和提单编号。
- ◆ 托运人：即外贸企业名称或从事外贸交易的个人名称，一般为信用证中的受益人（出口企业），不可填写外贸企业的工作人员名称。内容应包括托运人的名称、地址和联系方式等。
- ◆ 收货人：应填写收货人的信息，包括名称、地址、电话、传真或代码等信息。
- ◆ 通知方：货物到达目的港时需要通知的收件人，一般为国外进口企业。若信用证上对通知方有规定，则以信用证的要求为准。通知方的信息必须完整准确，否则承运人将无法联系到收货人，可能导致收货不及时。通知的对象一般为预定的收货人或收货人的代理人。
- ◆ 船名：运输货物的船舶名称和航次。已装船提单上必须填写船名；若为待运提单，可以在货物完成装船后再记录船名。

◆ 装货港：实际装船港口的具体名称。

◆ 卸货港：实际卸货港口的具体名称。若为转船的，第一程提单上的卸货港填转船港，收货人填二程船公司；第二程提单上的装货港填上述的转船港，卸货港填最后的目的港，如由第一程船公司签发联运提单，则卸货港即可填写最后目的港，并在提单上列明第一和第二船名。如经某港转运，要显示“via ××”字样。填写时要注意港口的同名问题，未选择港提单的，要进行说明。

◆ 货物名称：提单上的货名必须与信用证上规定的货名一致。

◆ 件数和包装种类：填写包装的实际情况。为集装箱运输的，填写集装箱数量和型号；为拼箱运输的，填写货物件数。

◆ 唛头：按信用证规定填写，信用证无规定的，按发票上的唛头填写。

◆ 毛重和尺码：按信用证规定填写，信用证无规定的，分别以千克和立方米为单位填写。

◆ 运费与费用：预付或到付。CIF 和 CFR 出口下，一般填写“运费预付”，FOB 出口下，可填写“运费到付”。此项不可漏填，否则除非收货人委托发货人垫付运费，收货人将会因运费未清而晚提货或提不到货。

◆ 提单的签发地点、日期和份数：签发地点应为装货港或货物集中地名称，日期为装船完成日期，若为跟单信用证项下结汇，则签发日期还必须与信用证或合同上所要求的最后装船期一致或先于装船期。如果预估货物不能在信用证规定的期限内装船，外贸企业应提前通知买方，要求修改信用证，而不应该利用“倒签提单”或“预借提单”等欺诈行为取得货款。提单份数一般按信用证要求出具，正本通常一式 3 份，每份效力相同，收货人凭其中 1 份提取货物后，其他各份自动失效。副本提单的份数可视托运人的需要而定。

◆ 签字或盖章：提单最后由承运人、船长或由其授权的人签字或盖章。

# 6.4 装箱单：海关检查和核对货物的依据

装箱单是必不可少的提货文件，是国外买方在货物到达目的港时供目的港海关检查和核对货物的重要依据。因此，若交易中装箱单出现问题，将直接影响买方的海关检查结果，同时也可能影响买卖双方之间交易的顺利进行。

## 6.4.1　怎样填写一张合格的装箱单

要保证买方的海关检查和货物核对工作顺利进行，首先就要保证装箱单是合格且准确的。装箱单的样式如图 6-6 所示。

GUANGDONG FOREIGN TRADE IMP. AND EXP. ××

×× ROAD GUANGZHOU,CHINA

PANCKING LIST

| | | | | | | |
|---|---|---|---|---|---|---|
| Invoice No.: | | | Date: | | | |
| Seller: | | | | | | |
| Buyer: | | | | | | |
| From: | | To: | | | | |
| Marks and No. | Description of goods | Quantity | Package | G.W | N.W | Meas. |
| | | | | | | |
| TOTAL: | | | | | | |
| SAY TOTAL: | | | | | | |

图 6-6

图 6-6 中展示的是某公司的装箱单样本，下面对其中的每项要素及其应填写的内容进行逐一讲解。

- 出单方名称：一般为出口企业名称，用英文表示，为图中的“GUANGDONG FOREIGN TRADE IMP. AND EXP. ××”部分。
- 出单方地址：出口企业详细地址，用英文表示，为图中的“××ROAD GUANGZHOU,CHINA”部分。
- PANCKING LIST(装箱单)：位于出单方名称和地址下一行居中排列。
- Invoice No.（发票号）：填写取得的发票号码。
- Date（日期）：装箱单缮制日期。应与发票日期一致，不能迟于信用证的有效期及提单日期。
- Seller（卖方）：填写卖方名称和具体地址。
- Buyer（买方）：填写买方名称及具体地址。
- From（起运港）：填写起运港全称。
- To（目的港）：填写目的港全称。
- Marks and No.(标志和号码)：出口货物包装上的装运标记和号码。要符合信用证的要求，与发票和提单一致。
- Description of goods（货物描述）：货物名称以及规格型号。
- Quantity（数量）：货物的实际数量。
- Package（包装数量）：填写实际的箱数。
- G.W（净重）：指货物本身的重量。
- N.W（毛重）：货物本身加上包装后的重量。
- Meas.（体积）：货物的实际体积，应符合信用证的规定。
- TOTAL（合计）：所有数据的合计数。
- SAY TOTAL（总计）：所有数据的总计数。

需要注意的是，提单中的所有内容均以英文或相应数字填写，不以中文进行填写。

### 6.4.2　如何计算毛重、净重和体积

货物的毛重、净重和体积是提单上的必填内容，也将影响货物的核对工作。从事外贸工作就不可避免地会涉及以上数据的计算，因此需要外贸人员掌握计算货物毛重、净重和体积的基本方法，以便外贸业务流程处理得更为得心应手。

商品的销售单位和包装单位并不总是相同的，两者之间这种相同和不同关系会直接决定商品毛重、净重和体积的计算方式。下面通过两个案例来进行具体讲解。

案例一：商品的销售单位和包装单位相同时，毛重、净重和体积的计算。

某食品类商品，销售单位是箱，包装单位也是箱，每箱毛重 12kgs，每箱净重 11kgs，每箱体积 0.015cbm。如果交易数量为 2 000 只，求该笔交易商品的毛重、净重和体积？

其毛重、净重和体积分别如下：

①判断该商品的销售单位和包装单位相同，故可不考虑规格描述内容。

②直接计算商品的毛重、净重和体积：

毛重＝2 000×12＝24 000kgs

净重＝2 000×11＝22 000kgs

体积＝2 000×0.015＝30cbm

案例二：商品的销售单位和包装单位不同时，毛重、净重和体积的计算。

某玩具类商品，销售单位是辆，包装单位是箱，单位换算显示每箱可装 6 辆该商品，每箱毛重 24kgs，每箱净重 21kgs，每箱体积 0.09cbm。如果交易数量为 1 000 辆，试分别计算毛、净重和体积？

①判断该商品的销售单位和包装单位不同，故先要算出单件商品的毛重、净重和体积，再乘以交易数量。

②毛重的计算：

单件的毛重 =24 ÷ 6=4kgs

总毛重 =4 × 1 000=4 000kgs

③净重的计算：

单件的净重 =21 ÷ 6=3.5kgs

总净重 =3.5 × 1 000=3 500kgs

④体积的计算：

包装箱数 =1000 ÷ 6=166.6，取整 167 箱

总体积 =167 × 0.09=15.03cbm

### 6.4.3 装箱单还是发票

在实际工作中，有的外贸新人容易将装箱单和商业发票弄混，不能很好地区分两者之间的关系，以致在处理业务时被退回。通过本节的讲解，外贸人员将对商业发票及其与装箱单之间的关系有一个清晰且正确的认识。

提单、装箱单和商业发票是必不可少的提货文件，只有同时具备这 3 份文件，收货人才能顺利完成收货清关工作。所以，商业发票和装箱单都是提货文件的组成部分，且两者之间是相互独立的，外贸人员需要清楚知道这一点。

外贸商业发票与国内普通发票不一样，它并无统一的固定格式，内容只要包括出具人信息、抬头、开具日期、发票号、交易条款、交易货物名称、价格

和数量等信息即可，样式可由卖方自行设计。图 6–7 展示的是某外贸企业的商业发票。

××　TRADING CO.,LTD.
××　JINLIN ROAD,NANJING,CHINA

**COMMERCIAL INVOICE**

| To: | ××　GENEAL　TRADING CO.,<br>××,　JAPAN | Invoice No.: | ×××× |
|---|---|---|---|
| | | Invoice Date: | APR.20，,2016 |
| | | S/C No.: | NO.×× |

| From: | ××,CHINA | To: | ××,JAPAN |
|---|---|---|---|
| Letter of Credit No.: | ×× | | |

| Marks and Numbers | Number and kind of package<br>Description of goods | Quantity | Unit Price | Amount |
|---|---|---|---|---|
| ××××<br>NO,1-200 | LADIES GARMENTS AS PER S/C NO.××<br>PACKING:10PCS/CTN<br>ART NO.<br>STYLE NO. ROCOCO | 1000PCS | USD5.50/PC | USD5，500.00 |
| | STYLE NO.ROMANTICO<br>CIF OSAKA | 1000PCS | USD4.80/PC | USD4，800.00 |
| | TOTAL: 2000PCS | | | USD10,300.00 |

SAY TOTAL: U.S.DOLLARS TEN THOUSAND AND THREE HUANDRED ONLY.

××　TRADING CO,LTD
××　JINLIN ROAD,NANJING,CHINA

图 6–7

图中商业发票的信息比较完整，基本上包括了发票所需的所有要素，信息填写也比较规范、全面。因此，外贸新手可以参照图 6–7 进行发票的填写。

6.5

# 原产地证：进出口货物的“出生证”

外贸交易中往往需要证明进出口货物本身的“身份”，以满足买方对货物的某些需求，而原产地证正是货物身份的有效证明，它可向买方明确展现其原产国家或地区，确认其与买方对货物原产地需求的一致。

### 6.5.1 出口商怎样申请原产地证

原产地证是出口国的特定机构出具的证明该出口货物为该国家或地区原产的一种证明文件。我国的原产地证就是证明有关出口货物原产地为中华人民共和国的证明文件。

因此，可以看出作为国内的出口商，当国外买方要求提供原产地证时，出口企业就务必按照相关程序对该批货物申请原产地证，并交予卖方，以保证交易的顺利进行。

根据相关规定，在我国境内依法设立，享有对外贸易经营权的企业；从事“来料加工”“来样加工”“来件装配”和“补偿贸易”业务的企业；外商投资企业，都可以申领办理原产地证。

一般来说，申请办理原产地证需要提供以下资料：一般原产地证明书申请书、一般原产地证明书、商业发票和装箱单等。申办程序如下。

（1）注册登记。首先应向单位所在地签证机构办理注册手续，并提交以下资料：营业执照、主管部门批准的对外经济贸易经营权证明文件及证明货物符合出口货物原产地标准的有关资料等。另外，办理注册时还需要对申请单位的印章和证书申领人员的姓名进行登记，申领人员应是经检验检疫机构培训且考核合格、持有申领员证的人员。

（2）申请签证。申请单位向检验检疫机构申请签字并提交以下资料：一般原产地证明书申请书 1 份、缮制正确清楚并经申请单位手签人员手签和加盖公章的一般原产地证明书一式 4 份、出口商的商业发票副本 1 份以及含有进口成分产品的产品成本明细单等。应至少在货物出运前 3 天进行申请。

（3）申请签发“后发证书”。原产地证一般应在货物出运前签发，若因特殊情况未能及时申请签证，可向签发机构申请“后发证书”，签发机关应酌情办理。

（4）申请签发“重发证书”。签发之日起半年内证书被盗、遗失或发生损毁的，可申请重新签发证书。申请重发前，申请单位应在《中国国门时报》发表遗失声明，并提交重新缮制的证书、更改申请书和商业发票副本。

（5）申请签发“更改证书”。当申请人需要更改或补充已签发证书的内容时，应填写更改申请书，说明更改理由和依据，并退回原签发证书，签证机构经审核无误后予以签发新证。

（6）未取得原产地证。货物如因在我国的制造工序不足，未能取得中国原产地证，可以申领“加工装配证明书”；经中国转口的外国货物，不能取得中国原产地证，可以申领“转口证明书”。其申报手续和所需单据与一般原产地证相同。

## 6.5.2　优惠原产地证书下的报关单填制

优惠原产地证是最惠国政府指定部门签发的证明该货物原产于该国的证明文书。优惠原产地证下的出口货物比起一般货物来说，能享受相应的税收优惠，但它只对相关优惠贸易协定项下的进出口货物适用。优惠原产地证下对进出口货物报关单的填制有如下一些规范要求。

1. 报关单填制规范中的“原产地证书代码”和“优惠贸易协定代码”

“原产地证书代码”为“y”。“优惠贸易协定代码”目前为：“01”“02”

“03”“04”“05”“06”“07”“08”。填制要求如下所示。

◆ 属于“亚太贸易协定”项下的进口货物填“01”。
◆ 属于“中国—东盟自贸区”项下的进口货物填“02”。
◆ 属于“内地与香港紧密经贸关系安排”（香港 cepa）项下的进口货物填“03”。属于“内地与澳门紧密经贸关系安排”（澳门 cepa）项下的进口货物填“04”。属于“对非洲特惠待遇”项下的进口货物填“05”。
◆ 属于“台湾水果零关税措施”项下的进口货物填“06”。
◆ 属于“中巴自贸区”项下的进口货物填“07”。
◆ 属于“中智自贸区”项下的进口货物填“08”。

2. 优惠原产地证书联网管理报关单的填制要求

实行原产地证书联网管理的具体填制要求，内容如下。

（1）“备案号”栏填写“y”+ 原产地证书编号。香港、澳门 cepa 项下进口报关单填写“y”+11 位原产地证书编号。

（2）“随附单据”栏使用海关 h2000 通关系统申报的，在本栏随附单证代码项下填写“y”，在随附单证编号项下的“<>”内填写“优惠贸易协定代码”。使用海关 h883/edi 通关系统申报的，此栏不填报原产地证书相关内容。

（3）“备注”栏使用海关 h883/edi 通关系统申报的，填写“<”+“协”+“优惠贸易协定代码”+“>”。例如香港 cepa 项下进口报关单应填为：“< 协 03>”。使用海关 h2000 通关系统申报的，此栏不填报原产地证书相关内容。

（4）“项号”栏分两行填写。第一行填写报关单中商品排列序号，第二行填写对应的原产地证书上的“商品项号”。

3. 未实行原产地证书联网管理的具体填制要求

（1）“备案号”栏未实行原产地证书联网管理的货物本栏目免予填报。

（2）“随附单据”栏使用海关 h2000 通关系统申报的，在报关单“随附单据”栏随附单证代码项下填写“y”，在随附单证编号项下“<>”内填写“优惠贸易协定代码”+“:”+“需证商品序号”。例如《亚太贸易协定》项下进口报关单中第 1 到第 3 项和第 5 项为优惠贸易协定项下商品，应填为：“<01:1–3,5>”。使用海关 h883/edi 通关系统申报的，此栏不填报原产地证书相关内容。

（3）“备注”栏使用海关 h883/edi 通关系统申报的，在报关单“备注”栏中填“<”+“协”+“优惠贸易协定代码”+“:”+“需证商品序号”+“>”。例如《亚太贸易协定》项下进口报关单中第 1 项到第 3 项和第 5 项为优惠贸易协定项下商品，应填为：“< 协 01:1–3,5>”。使用海关 h2000 通关系统申报的，此栏不填报原产地证书相关内容。

4. 其他填制要求

（1）一份原产地证书只能对应一份报关单，同一份报关单上的商品不能同时享受协定税率和减免税。

（2）在一票进口货物中，对于实行原产地证书联网管理的，如涉及多份原产地证书或含非原产地证书商品，应分单填报。

（3）原产地证书实行“一批一证”，不能重复使用和逐次扣减。

（4）报关单上申报商品的计量单位必须与原产地证书上对应商品的计量单位一致。

（5）上述所有尖括号“<>”、逗号“，”、连接符“-”及数字都必须使用非中文状态下的半角字符。

（6）其他栏目填制要求，仍按海关总署2004年第34号公告《中华人民共和国海关进出口货物报关单填制规范》填制。

此外，需要注意的是，一份报关单只能填报一份原产地证书，若商品涉及多份原产地证书或除原产地证外还涉及非原产地证书，则应该分单填报。报关单申报商品的计量单位必须与原产地证书上对应商品的计量单位一致。

CHAPTER07 第 7 章

# 外贸结算，让外贸收益落袋为安

银货两讫是交易的最终表现形式，每笔交易都离不开资金的结算。信用形式多样化和技术化发展，支付方式也种类繁多，一个多样有效的支付体系能在一定程度上帮助企业和个人外贸业务的发展，使进口支付和出口货款收取都更加灵活和顺畅。

7.1
# 外贸结算之汇付

汇付简称汇款，是国际贸易中最简单的结汇方式，手续比较简便，对于企业和个人来说费用也较为低廉。当外贸企业或个人在有可靠的国外贸易伙伴和销售网络时，可以将汇付作为主要结算方式。汇付按汇出行向汇入行转移资金发出指示方式的不同，可分为电汇、信汇和票汇 3 种方式。

## 7.1.1 电汇：汇付中使用最频繁的支付方式

电汇简称 T/T，汇款人将一定款项交存汇款银行，汇款银行通过电报或电传给目的地的分行或代理行（汇入行），指示汇入行向收款人支付一定金额的一种汇款方式，是对外贸易中最常用，也是最重要的汇付方式。

电汇一般涉及汇款人、汇出行、汇入行和收款人 4 个主体，每个主体在电汇过程中有各自的职责，且与电汇流程息息相关，具体如下。

首先电汇时，汇款人要填写汇款申请书，并在其中注明采用电汇 T/T 方式。提交申请书的同时，汇款人还需将要汇出的款项和电汇费用的实际数额交付给汇出行，以此取得电汇回执。汇出行接到汇款申请书后，对申请书进行审核，尤其是审核申请书中是否存在可能引起汇出资金损失的差错。

审核无误后，汇出行要根据汇款申请书内容以电报或电传方式向汇入行发出解付指示。电文内容包括的信息如下：汇款金额及币种、收款人名称、地址或账号、汇款人名称、地址、附言、头寸拨付办法、汇出行名称或 SWIFT 系统地址等。同时，应在电文正文前加列双方银行所约定使用的密押，以证明电文内容的真实性和汇出行的身份。

汇入行收到电报或电传后，核对密押是否相符，若不相符，应立即拟电文向汇出行查询；若相符，则缮制电汇通知书，通知收款人取款。

最后收款人收到通知书后，提交通知书并在收款人收据上签章后，汇入行进行解付汇款，收款人即可收取汇款人汇出的款项，完成款项收付。

按付款和发货时间的先后关系，可将 T/T 分为前 T/T 和后 T/T。前 T/T 是指买方先将货款支付给卖方，卖方收取货款后再进行发货；后 T/T 是指卖方先将货物交付给买方，买方收到货物之后再支付货款。前 T/T 和后 T/T 分别利于卖方和买方。在实施过程中后 T/T 的操作方式不止一种，不同操作方式下出口企业也会面临不同的风险，可采取不同的应对方式，具体见表 7–1。

表 7–1　后 T/T 的操作方式、风险及应对

| 操作方式 | 出口企业的风险 | 应对措施 |
| --- | --- | --- |
| 先付订金，见提单付尾款 | 没有提单的情况下成功提货的风险 | 在运输合同中做出明确约定，货物达到目的港后，若提货人无正本提单，则不予放货 |
| 先付订金，到货后一段时间内付尾款 | 拖欠尾款；汇率变动导致的汇率损失；客户以质量问题要求降价 | 只对长期合作且信用良好的企业实行此种付款方式；在贸易合同中约定质量条款，保护交易价格稳定；以人民币计价或锁定远期汇率 |
| 见提单付款 | 没有提单的情况下成功提货的风险；行情向不利于进口方变动时放弃货物的风险 | 在运输合同中做出明确约定，货物达到目的港后，若提货人无正本提单，则不予放货；采取预付订金方式，要求进口方预先支付部分订金以保证合约履行 |

续上表

| 操作方式 | 出口企业的风险 | 应对措施 |
|---|---|---|
| 见提单付款 | 没有提单的情况下成功提货的风险；行情向不利于进口方变动时放弃货物的风险 | 在运输合同中做出明确约定，货物达到目的港后，若提货人无正本提单，则不予放货；采取预付订金方式，要求进口方预先支付部分订金以保证合约履行 |
| 赊账交易 | 无法收取货款风险；客户放弃货物风险；客户以质量问题要求降价风险；汇率变动带来的汇率损失风险 | 只对长期合作且信用良好的企业实行此种付款方式，且次数不宜过多，时间不宜过长；在合同中约定质量条款；使用人民币计价或锁定远期汇率 |

从表中内容可以看出，当金额较大，且款项的部分或全部没有收取时，后 T/T 方式下出口企业将面临较大程度的风险。为了规避风险，确保货款能全部收回，经常会使用出口信用保险。

出口信用保险是承保出口企业在经营出口业务的过程中因进口商的商业风险或进口国的政治风险而遭受损失的一种信用保险。最常用的是短期出口信用保险，其适用类型如下。

- 一般情况下，信用期限在一年以内的出口收汇风险。
- 出口企业从事以信用证（L/C）、付款交单（D/P）、承兑交单（D/A）或赊销（OA）进行支付结算。
- 结算方式自中国出口或转口的贸易。

**发生风险事项时，短期出口信用保险的损失赔偿比例如下。**

- 因政治风险而造成损失的，最高赔偿比例为 90%。
- 因破产、无力偿付债务或拖欠等其他商业风险造成损失的，最高赔偿比例为 90%。
- 因买方拒收货物而造成损失的，最高赔偿比例为 80%。

出口企业投保出口信用保险时，可以按照以下流程进行操作。

（1）提交资料。出口企业提交企业营业执照、进出口企业资格证书和企业其他相关资料。

（2）填写《投保单》并签字。投保企业把企业的名称、地址、投保范围、出口情况和适保范围内的买方清单及其他需要说明的情况填写清楚后，企业法人签字并加盖公司公章。

（3）保险公司审核。保险公司审核保单，核定费率并签发保单，同时提供《保单明细表》《费率表》《国家（地区）分类表》《买方信用限额申请表》《信用限额审批单》《出口申报单》等给客户。

（4）限额核定。投保的出口企业对保险公司签发《短期出口信用保险综合保险单》后，对适用保单范围的所有买家逐一申请信用限额，填写《买方信用限额申请表》一式三联，最后由保险公司评估买方资信，核定限额。

（5）申报出口。限额生效后投保企业即可进行出口交易，出口企业应在出货后 15 天内或每月 10 号前，对每批货物按照时间先后和表格要求分别填写《短期出口信用综合险出口申报单》或《短期出口信用保险综合险出口月申报表及保费计算书》一式三份，供保险公司计收保险费。

（6）缴纳保费。投保企业在收到保险公司开出的“保险费发票”后 10 日内进行保险费的缴纳。若不按时缴纳保险费，保险公司对企业申报的有关出口损失赔偿不负赔偿责任；若企业超过规定期限两个月仍未交付保险费，保险公司有权终止保单，已收的保险费概不退还。保险费率调整的，在保险公司发出通知后第二个月出口货物的保险费，按调整后的费率计算。

**外贸加油站**

未在规定时间内申报的出口货物，保险公司有权要求出口企业进行补报。但出口货物的损失已经发生的，保险公司有权拒绝接受补报。出口企业对于出口事项和货物存在故意不报或严重漏报或误报的，若发生相应损失，保险公司有权拒绝承担赔偿责任。

### 7.1.2 票汇：可背书转让的汇付支付方式

票汇也是汇付方式中的一种，主要用于外贸交易中佣金、回扣、寄售货款、小型样品与样机、展品出售和索赔等款项的支付结算。

票汇是指汇出行根据汇款人的申请，通过代汇款人开立以其分行或代理行为解付行的银行即期汇票，支付一定金额给收款人的一种汇款方式。操作流程如下。

- 汇款人填写汇款申请书，交款付费给汇出行，并说明使用票汇的方式。
- 汇出行作为出票行，开立银行即期汇票交给汇款人。
- 汇款人将汇票寄给收款人。
- 汇出行将汇款通知书寄给汇入行，凭此与收款人提交的汇票正本核对。
- 收款人提示银行即期汇票给汇入行要求付款。
- 汇入行借记汇出行账户，取出头寸，凭票解付汇款给收款人。
- 汇入行将借记通知书寄汇出行，同时汇款解付完毕。

目前，随着电汇方式的不断发展和应用，外贸企业较少使用票汇方式进行支付和结算，更多地使用速度较快，交易便捷的电汇进行支付和结算。

7.2

# 外贸结算之信用证（L/C）

信用证是外贸交易中最主要和最常用的支付和结算方式，它是以银行信用代替商业信用，从而保证外贸交易顺利进行。信用证使用的规范性和熟练程度直接决定了外贸支付和结算过程的效率及结果的真实性。因此，掌握信用证的相关知识，专业地处理信用证的相关问题，是外贸企业工作的重点内容，也是外贸人员必须具备的业务技能。

## 7.2.1　信用证不只与收付双方有关

信用证是指开证银行应申请人（买方）的要求并按其指示向受益人开立的，载有一定金额的，在一定期限内凭符合规定的单据付款的书面保证文件。由此可以看出，信用证不单单与收付双方（即外贸交易双方）有关，还与银行有关。信用证依据不同的标准有不同的分类，常见的分类见表7–2。

表7–2　信用证分类

| 分类依据 | 类型 | 具体概述 |
| --- | --- | --- |
| 信用证项下的汇票是否附有货运单据 | 跟单信用证 | 凭跟单汇票或单据付款的信用证。单据指代表货物所有权的单据（如海运提单），或证明货物已交运的单据（如铁路运单、航空运单和邮包收据等），是使用最多的信用证 |

续上表

| 分类依据 | 类型 | 具体概述 |
| --- | --- | --- |
| 信用证项下的汇票是否附有货运单据 | 光票信用证 | 银行凭光票信用证付款，不需要随附货运单据。但可要求受益人附交一些非货运单据，如发票和垫款清单等 |
| 开证行所负的责任 | 可撤销信用证 | 开证行可以随时撤销且不必征得受益人或有关当事人同意的信用证。为可撤销信用证的，应在信用证上注明“可撤销”字样，否则将不能撤销。此外，受益人已经得到信用证条款规定的议付、承兑或延期付款保证时，信用证也不可撤销 |
| | 不可撤销信用证 | 一经开出，在有效期内，若未获得受益人及有关当事人的同意，则开证行不能单方面修改和撤销的信用证。只要受益人提供的单据符合信用证规定，则开证行必须履行付款义务 |
| 第三方银行是否保证兑付 | 保兑信用证 | 指另一银行对开证行开出的信用证给予保证符合信用证条款规定的单据履行付款义务 |
| | 不保兑信用证 | 没有经另一家银行对开证行开出的信用证进行保证的信用证 |
| 付款时间 | 即期信用证 | 开证行或付款行收到与信用证条款相符的跟单汇票或装运单据后，立即付款的信用证 |
| | 远期信用证 | 开证行或付款行收到信用证的单据后，在规定期限内履行付款义务的信用证 |
| 权利是否可以转让 | 可转让信用证 | 信用证的第一受益人可以要求授权付款、承担延期付款责任，承兑或议付的银行，或当信用证是自由议付时，可以要求信用证中特别授权的转让银行，将信用证全部或部分转让给一个或数个受益人（第二受益人）使用的信用证。开证行在信用证中要明确注明“可转让”，且只能转让一次 |
| | 不可转让信用证 | 受益人不能将信用证的权利转让给他人的信用证。信用证中未注明“可转让”字样的信用证，都是不可转让信用证 |

在所有的信用证类型下，通常会部分或全部涉及信用证的 9 个主体，其权利和义务如下。

◆ 开证人

开证人是向银行申请开立信用证的人，一般为外贸交易的买方。开证人的义务为：根据外贸交易合同约定进行开证；向申请银行交付比例押金；及时付款赎单。开证人权利：以信用证为依据进行单证和货物的检验，对于不符合要求的，有权根据合同约定进行退回。

◆ 受益人

受益人是信用证上指定的有权使用该证的人，一般为出口企业或实际供货人。受益人的义务为：及时将收到的信用证与合同进行核对，两者不相符的，应要求开证行修改，开证行不修改的，可与买方沟通，让其向开证行申请修改，否则，受益人应拒绝接受信用证；受益人一旦接受信用证且未提出任何异议，则应该按照合同约定进行发货，并告知收货人，同时备齐单据，在规定时间内向议付行交单议付；对单据的正确性负责，不符时应执行开证行改单指示并在信用证规定期限内交单。

受益人的权利为：开证申请人拒绝修改信用证或修改后仍不符合规定的，受益人可提前通知买方，拒绝信用证并单方面撤销合同；开证行在信用证交单后倒闭或无理拒付的，受益人可直接要求开证申请人付款；收款前开证申请人破产的，受益人可停止货物装运并自行处理；开证行在信用证使用之前倒闭的，受益人可要求开证申请人另开。

◆ 开证行

开证行是接受开证申请人的委托开立信用证的银行，承担保证付款的责任。开证行的义务为：正确及时开出信用证；承担第一付款责任。开证行的权利为：向开证申请人收取手续费和押金；对受益人或议付行提交的不符单据进行拒收；付款后开证申请人无力付款赎单时处理单、货；货不足款时向开证申请人追索余额。

◆ 通知行

通知行是接受开证行委托，将信用证转交给出口方的银行，通知行是出口地所在银行，只证明信用证的真实性，不承担其他义务。

◆ 议付行

议付行是根据信用证开证行的付款保证和受益人的请求，按信用证规定对受益人交付的跟单汇票垫款或贴现，并向信用证规定的付款行索偿的银行，一般都为通知行。

议付行的义务为：严格审单；垫付或贴现跟单汇票；背批信用证。议付行的权利为：拒绝议付；议付后自行处理单据；议付后开证行倒闭或借口拒付可向受益人追回垫款。

◆ 付款行

付款行是信用证上指定付款的银行，多数情况下，付款行就是开证行。付款行有权付款或不付款，但付款后，付款行无权向受益人或汇票持有人追索。

◆ 保兑行

保兑行是受开证行委托对信用证以自己名义保证的银行。保兑行有以下义务：对信用证加批“保证兑付”；不可撤销确定承诺；独立对信用证负责，凭单付款；付款后只能向开证行索偿，开证行拒付或倒闭的，无权向受益人和议付行追索。

◆ 承兑行

承兑行是对受益人提交的汇票进行承兑的银行，也是付款行。

◆ 偿付行

偿付行是受开证行委托，代开证行向议付行或付款行清偿垫款的银行。

### 7.2.2　掌握流程，让使用更简单顺畅

信用证的签发和付款均通过银行进行，且从开证到议付的整个过程都是环环相扣、紧密联系的。因此，外贸人员在进行信用证申请和业务处理时，需要了解不同阶段需要完成哪些操作，以及每个信用证主体在不同阶段承担的责任和作用。

- 开证人申请：开证申请人向开证行申请开证，根据外贸合同的相关内容填写开证申请书，并交纳押金或提供其他保证。
- 开证行开证：开证行审核开证申请人提交的申请书内容，审核通过的，向受益人开出信用证，并将其邮寄至出口方所在地通知行。
- 通知行核对：通知行对信用证和受益人提交的印鉴进行核对，核对无误的，将信用证交给受益人。
- 受益人开出汇票：受益人审核信用证内容与合同规定是否相符，相符的，按信用证规定装运货物，准备相关单据并开出汇票，在信用证有效期内，送议付行议付。
- 议付行议付：议付行对受益人交来的信用证和单据进行审核，审核无误的，垫付货款给受益人。
- 议付行索偿：议付行进行议付后，将汇票和货运单据邮寄至开证行或其特定的付款行索偿。
- 开证行付款：开证行对议付行提交的汇票和单据进行核对，核对无误的，进行付款。
- 开证申请人付款赎单：开证行对议付行付款后，通知开证申请人进行付款赎单。

以上是信用证从开立、议付到赎单的整个流程流转顺序，其中，开证人申请和开证行开证是整个流程的第一环节，也是关键环节，主要由外贸企业或外贸人员来完成。

外贸企业在申请开立信用证时，一般采用的是非全额付款的方式，即只付给银行 20% 或 30% 的款项，其他的款项采用自身企业信用或第三方担保的形式来代替，待货物卖出后再补足剩余款项。这样可以使企业的资金使用更加灵活，也能发挥最大的效用。在这种开证方式下，由于企业并不会全额付款，银行会承担一定风险，所以，开证所需资料较多，流程较为复杂。非全额付款开信用证时企业所需资质和资料主要有以下一些。

（1）开证申请人已在开证行取得授信。

（2）第三方担保，并取得担保函。

（3）开证申请人的财务资料，如财务报表、企业资质文件等，一般由外贸企业财务负责人完成。

（4）开证申请人基本资料，如营业执照、组织机构代码证、税务登记证、对外贸易经营者备案登记、银行开户证明、开户资信代码证等证件的正副本原件及复印件和公司的公章和法人章等。

（5）开证申请书、开证人总承诺书和外贸交易合同等。

以上所需开证人提交的资料中，外贸人员尤其需要注意开证申请书，其为开立信用证的必备资料，在填写上一定要注意规范完整，样式如图 7-1 所示。

**IRREVOCABLE DOCUMENTARY CREDIT APPLICATION**

| TO: BANK OF CHINA BEIJING BRANCH | Date: |
|---|---|
| ☐Issue by airmail ☐With brief advice by teletransmission<br>☐Issue by express delivery<br>☒Issue by teletransmission (which shall be the operative instrument) | Credit No.<br><br>Date and place of expiry IN CHINA |
| Applicant<br>×× AGENT COMPANY<br>ROOM ××,WORLDTRADE MANSION, SANHUAN ROAD 47#, BEIJING, P. R. CHINA | Beneficiary (Full name and address)<br>×× INTERNATION CORPORATION<br>×× BARRON BLVD. , INGLESIDE , ILLINOIS ( UNITED STATES ) |
| Advising Bank | Amount<br>USD 600,000.00<br>SAY U.S.DOLLARS SIX HUNDREDS ONLY |
| Partial shipments ☐allowed ☒not allowed / Transhipment ☐allowed ☒not allowed | Credit available with<br>ANY BANK<br>By |
| Loading on board/dispatch/taking in charge at/from<br>NEW YORK<br>not later than<br>For transportation to: XINGANG PORT, TIANJING OF CHINA | ☐sight payment ☐acceptance<br>☒negotiation<br>☐deferred payment at<br>against the documents detailed herein<br>☒and beneficiary's draft(s) for _100_ % of invoice value |
| ☒FOB ☐CFR ☐CIF ☐or other terms | at _****_ sight<br>drawn on BANK OF CHINA BEIJING BRANCH |

Documents required: (marked with X)

1. ( X ) Signed commercial invoice in _3_ copies indicating L/C No. and Contract No.
2. ( X ) Full set of clean on board Bills of Lading made out to order and blank endorsed, marked "freight [ X ] to collect / [ ] prepaid [ ] showing freight amount" notifying THE APPLICANT WITH FULL NAME AND ADDRESS .
   ( ) Airway bills/cargo receipt/copy of railway bills issued by ______ showing "freight [ ] to collect/[ ] prepaid [ ] indicating freight amount" and consigned to ______.
3. ( ) Insurance Policy/Certificate in ____ copies for ____ % of the invoice value showing claims payable in ______ in currency of the draft, blank endorsed, covering All Risks, War Risks and ______.
4. ( X ) Packing List/Weight Memo in _3_ copies indicating quantity, gross and weights of each package.
5. ( ) Certificate of Quantity/Weight in ____ copies issued by ______.
6. ( ) Certificate of Quality in ____ copies issued by [ ] manufacturer/[ ] public recognized surveyor______.
7. ( X ) Certificate of Origin in _2_ copies .
8. ( X ) Beneficiary's certified copy of fax / telex dispatched to the applicant within _1_ days after shipment advising L/C No., name of vessel, date of shipment, name, quantity, weight and value of goods.

Other documents, if any

Description of goods:

MEN'S DENIM UTILITY SHORT
COLOR: MEDDEST SANDBLAS
FABRIC CONTENT: 100% COTTON
QUANTITY:2000 CARTONS
PRICE TERM: FOB NEW YORK
COUNTRY OF ORIGIN AND MANUFACTURERS: UNITED STATES OF AMERICA, VICTORY FACTORY

Additional instructions:

1. ( X ) All banking charges outside the opening bank are for beneficiary's account.
2. ( X ) Documents must be presented within _10_ days after date of issuance of the transport documents but within the validity of this credit.
3. ( ) Third party as shipper is not acceptable, Short Form/Blank back B/L is not acceptable.
4. ( ) Both quantity and credit amount ____ % more or less are allowed.
5. ( X ) All documents must be sent to issuing bank by courier/speed post in one lot.
6. ( ) Other terms, if any

图 7–1

图 7–1 中展示的是某公司的信用证开证申请书，该申请书的开证行为某银行支行，申请书的各部分内容及填写方式如下。

- TO（致）：开证行全称，一般由开证行统一印制。
- Date（日期）：申请开证的日期，格式为月、日、年的英文日期，月和年用逗号隔开。
- Credit No.（信用证号）：由开证行填写。
- Date and place of expiry（到期日和地点）：填写信用证的有效期和到期地点，地点填受益人所在国家。
- Applicant（开证申请人）：一般为买方。需要填写申请人全称和详细地址。

- Beneficiary（受益人）：一般为卖方。需要填写全称和详细地址。
- Advising Bank（通知行）：由开证行填写。
- Amount（信用证金额）：同时用数字和文字两种表现形式，如果允许金额有一定比例的浮动，应在该项下进行说明。
- Partial shipments（分批装运）：应根据贸易合同相关约定打“×”或选择“allowed”或“not allowed”。
- Transhipment（转运）：应根据贸易合同相关约定打“×”或选择“allowed”或“not allowed”。
- Credit available with（付款方式）：应选择与合同约定一致的付款方式，如承兑、即期和议付等。
- Loading on board/dispatch/taking in charge at/from（装货港）：填写装货港名称。
- not later than（最后装运期）：最后的装货日期。
- For transportation to（目的港）：填写目的港全称。
- Documents required（单据条款）：因开证行而异，一般会包括发票、运输单据（提单、空运单、铁路运输单据及运输备忘录等）、保险单、装箱单、质量证书、装运通知和受益人证明等内容。最后一条一般为 Other documents, if any（其他单据）。
- Description of goods（商品描述）：一般为商品的品名、规格、包装、单价和唛头等，所有信息都必须与合同内容一致。
- Additional instructions（附加指示）：信用证的最后一部分内容，根据合同内容选择。

### 7.2.3 信用证的标准格式

信用证是标准的付款凭证，因此其格式也有相应的规范性。作为外贸人员，只有了解信用证的要素构成和格式要求，才能对信用证进行分辨和审核，从而维护企业和个人利益。

一份完整的信用证，一般应包括以下要素，见表 7-3。

表 7-3　信用证要素

| 要素名称 | 释义 |
| --- | --- |
| From： | 开证行 |
| To： | 通知行 |
| 40A：form of documentary credit | 跟单信用证类型 |
| 20：documentary credit number | 跟单信用证号码 |
| 23：Reference to Pre-Advice | 预通知编号 |
| 31C：date of issue | 开证日期 |
| 31D：date and place of expiry | 到期日和到期地点 |
| 51A：applicant bank-BIC | 开证申请人银行——银行代码 |
| 50：applicant | 开证申请人 |
| 59：beneficiary | 受益人 |
| 32B：currency code, amount | 币别代号与金额 |
| 40E：applicable rules | 适用规则 |
| 41D：available with … by … name/address | 向银行押汇…押汇方式为… |
| 42C：drafts at… | 汇票汇款期限 |
| 42A：drawee-BIC | 汇票付款人——银行代码 |
| 43P：partial shipments | 分批装运条款 |
| 43T：transshipment | 转运条款 |
| 44A：loading on board/dispatch/taking in charge | 装船 / 发运 / 接受监管的地点 |
| 44B：for transportation to …… | 货物发送最终目的地 |
| 44C：latest date of shipment | 最迟装运日期 |
| 45A：description of goods and/or services | 货物 / 劳务描述 |
| 46A：documents required | 单据要求 |
| 47A：additional conditions | 附加款件 |
| 71B：charges | 费用负担 |

续上表

| 要素名称 | 释义 |
|---|---|
| 48：period for presentation | 交单期限 |
| 49：confirmation instructions | 保兑指示 |
| 78：instructions to pay/accept/negotiate bank | 给付款行 / 承兑行 / 议付行的指示 |
| 72：sender to receiver information | 附言 |

下面来看一个信用证的具体案例，以了解其构成和样式。

From：Citibank International ，Losangeles，U.S.A.

TO：Bank of China Qinghai Branch Ranch，Qinghai，CHINA

27:Sequence of total 1/1

40A:Form of documentary credit irrevocable

20:Dcumentary credit number Cred1523349

31C：Date of issue 160906

40E：Applicable rules UCP Latest version

31D：Date and place of expiry 161102 U.S.A.

50：Applicant United overseas ×× Corp ××Street A682 Losangeles U.S.A.

59：Beneficiary Qinghai ××CO.,LTD. ××Road

32B：Currency code, amount: USD50000，00

39A：Precentage credit amount tolerance　　10/10

41A：Available with by　　　Citius33lax by deferrec payment

42P：Deferrec payment details　　At 90 Days After B/L Date

43P：Partial shipments　　　Not allowed

43T：Transshipment　　　Not allowed

44E：Port of loading/airport of departure Qingdao port，China

44F：Port of discharge/ airport of dedtination Losangeles port，U.S.A.

44C：Latest date of shipment　　　161017

45A：Description of goods and/or services

+Trade terms CIF Losangeles port，U.S.A.. Origin:China

+71000M of 100% Polyester woven dyed fabric

At USD0.75 Per M　　Width:150cm,>180G/M2

46A：Documents required

+Signed commercial invoce in threefold

+Full set of clean on board ocean bill of lading made out to the order and blank endorsed，notify：applicant（full assress）marked freight prepaid

+Siged detailed packing list

+Certificate origin

47A：Addition condition 10pct more or less in amount and quantity allowed

71B：Charges all charges and commissions outside U.S.A. are for beneficiary's accoun

48：Period for presentation within 15 days after shipment but within the validity this credit

49：Confirmation instructions without

78：Nstructions to the paying/acceping/negotiating bank

At maturity date，upon receipt of complying documents C/O ourselves，we will cover the pemitting bank as per their instructions

### 7.2.4 厘清信用证的各个日期

由前述信用证内容可知，在信用证的构成要素中，涉及多个时间期限。那么作为外贸人员，你是否了解不同日期的确定方式以及它们相互之间的关系呢？

信用证中常涉及的日期主要有 4 个：信用证有效期、交单期、最迟装运期和双到期。这 4 个日期之间既相互区别，又彼此联系。

信用证的有效期也称为到期日，是指受益人向银行提交单据的最迟期限，信用证有效期后常跟地点，受益人所提交的单据应该在不晚于有效期规定的日期提交到有效地点对应的银行。

信用证的交单期是指运输单据出单后必须向信用证指定的银行提交单据要求付款、承兑或议付的特定期限。交单期可以在信用证中约定，也可以不约定。若在信用证中做出了明确约定，则必须按照约定期限进行交单；若无相关约定，那么交单期最迟应不迟于提单后21天，且无论是否约定交单期，交单的最晚期限都不能超过信用证有效期。

最迟装运期是指卖方将全部货物装上运输工具或交付给承运人的期限或最迟日期。一般来说，提单的出单日期即开船日不得迟于信用证上规定的最迟装运期，信用证未对最迟装运期做出相关规定的，则装运日期不得超过信用证的有效期。

双到期是指信用证规定的最迟装运期和议付到期日为同一天，或信用证未规定装运期限，但在实际操作时最迟装运期和议付到期日一般为同一天。

一般情况下，信用证的到期日与最迟装运期应有一定的时间间隔，以便有时间进行制单、交单和议付等工作。但如果出现“双到期”的情况，应注意在信用证到期日前几天提早将货物装上运输工具或交给承运人，以便有足够的时间制备各种单据、交单和办理议付等手续。

一般来说，到期日（有效期）≥交单期 > 最迟装船期。

在实际工作中，常常会遇到知道最迟装运期和信用证有效期以及提单日期，据此来判断交单期的情况，这时外贸人员一定要清楚最晚交单期的准确日期，才能按时完成交单和议付，下面通过一个案例来进行讲解。

现有一批货物，信用证上规定最迟装运期是2020年10月22日，信用证有效期是2020年10月29日，提单上的日期是2020年10月13日，问向银行的最晚交单日期是什么时间？

①信用证未规定最晚交单日期，那么最晚交单日期不能迟于提单后的21天。

即，最晚交单日期 =2020 年 10 月 13 日 +21 天 =2020 年 11 月 3 日

②最晚交单日期不能迟于信用证有效期。

因为 2020 年 11 月 3 日＞ 2020 年 10 月 29 日，所以实际的最晚交单日期为 2020 年 10 月 29 日。

### 7.2.5 有风险，也有应对风险的方法

信用证是以信用作为付款保证的支付方式，信用证中的几类主体因此承担着不同类型和不同程度的风险。对外贸企业和外贸人员来说，需要着重了解在外贸交易中会面临信用证带来的哪些风险，以及应该通过怎样的方式来进行风险防范，以保证交易安全，维护企业和个人的应得利益。

当外贸企业和外贸人员作为进口方时，是信用证的开证申请人，承担的信用证风险及应对措施见表 7–4。

表 7–4 信用证下进口方的风险及应对措施

| 风险 | 应对措施 |
| --- | --- |
| 出口方伪造单据导致钱货两空。信用证是“纯单据业务”，所以银行审核受益人交来的单据时，更多的是对单据进行“表面”审核，主要是核对单据内容是否与信用证相符，而无法对货物的实际情况做出检查和确认。因此，出口方就是利用这点，在没有交货或交付毫无价值货物的情况下通过伪造单据，使单据内容“名义上”与信用证相符，以此从银行获取货款。同时，申请人也会因伪造的单证与信用证相符而付款给开证行，最终落得钱货两空 | 对出口方进行资信调查。进口方一定要通过多种方式加强对出口方的信用调查，同时选择信用良好的运输单位和质检部门，降低出口方伪造单据的风险 |

续上表

| 风险 | 应对措施 |
| --- | --- |
| 货物实质不符。进口方收到的货物可能存在不按约定时间发货、货物数量短缺及质量不达标等情况，使得货物无法按照预期出售，从而带来损失。尤其是在集装箱运输下，装卸单位较大，承运人对货物的情况不是十分了解，对货物的完好性也不负责，一些不符合合同约定的货物由此混入，以次充好，直接损害进口方的利益 | 商品装船检验。进口方可以请专业的检验机构实施装船预检、监造、监装并签发装船证明等，以确保装运货物和合同约定货物相符。这是防止国际商贸活动中出口方进行诈骗的有效方法 |
| 提货担保中的风险。进口方尚未收到信用证项下单据但已经得到到货通知时，若不及时提货就会遭遇滞期罚款的风险。为了避免罚款风险，进口方只能请求开证行担保提货，这时开证行会要求进口方提供书面保证，保证不论对方银行寄来的单据与信用证是否相符，进口方都得对外付款。此时，进口方就会面临接受不符单据的风险，就算货物有问题，也不能拒付 | 认真审查出口方提交的单据。进口方应让有经验的人员负责单据的审核和鉴别事宜，以降低出口方伪造单据的风险。如觉得单据有可疑之处，则应进行核实，核查属实后再付款，否则应立即通知银行，冻结资金，拒绝付款 |

外贸企业和外贸人员充当出口方角色时，作为信用证的受益人，也会面临一些信用证风险，见表 7-5。

表 7-5　信用证下出口方的风险及应对措施

| 风险 | 应对措施 |
| --- | --- |
| 进口方不按合同规定开证。信用证是银行根据进口方的要求或指示开立的，其条款应与贸易合同一致，但在实际业务中因为进口方不依照合同开证，使得合同执行发生困难，由此给出口方带来额外损失的情况屡见不鲜。通常的做法有：进口方不按期开证或不开证；进口方在信用证中进行条件变更或增加对其有利的条款，以达到企图变更合同的目的等 | 认真订立贸易合同。贸易合同条款必须明晰确定，且应在合同中事先明确规定信用证内容，避免进口方不依照合同开证或日后就信用证内容发生争议 |

续上表

| 风险 | 应对措施 |
|---|---|
| 进口方伪造信用证诈骗。有些进口方会直接伪造信用证来对出口方进行交易诈骗，主要方式有：窃取其他银行已印好的空白格式信用证或与已倒闭或濒临破产银行的职员恶意串通开出信用证；恶意涂改过期失效的信用证；变更原信用证的金额、装船期和受益人名称；伪造保兑信用证等 | 深入了解进口方的资信。出口方不能因急于求成而贸然与一些资信不明的新伙伴进行外贸交易。双方的合作应建立在对对方的资信进行全面调查的基础上。资信调查可以通过驻外领使馆、驻外机构、大型银行和咨询机构来进行 |
| 开证行的信用风险。信用证作为一种银行信用，在受益人提交了与信用条款完全一致的单据情况下，开证行对之承担首要的付款责任。在实际的外贸业务中。由于开证行信用较差所导致的收汇困难也不乏其例。同时，开证行能否完成付款会受进口国国家或政府管制的影响。如进口国家国际收支困难，缺乏外汇储备时，可能会阻碍开证行支付货款或延误支付 | 加强对开证行的资信调查。信用证是开证行以自己的信用作为保证，所以开证行的信用至关重要。因此，出口方应事先了解进口方所在国家或地区的经济、金融状况以及当地银行信用证业务的做法。同时在合同中明确指定一个开证行，并要求第三方银行对信用证进行保兑，以最大程度降低开证行信用风险 |
| “软条款”信用证中的“软条款”是指在信用证中加列各种条款，致使信用证下的开证付款与否取决于第三者的履约行为，而不是单证是否表面相符。“软条款”使名义上不可撤销的信用证变成实际可撤销的，一定程度上制约了银行第一付款人的地位，降低了银行的信用程度 | 认真审查信用证和缮制单据。为避免信用证中存在“软条款”，就一定要做好信用证的审查工作。一方面，审核信用证的内容与合同是否一致，是否存在出口方履约困难的“陷阱”以及主动权不在自己手中的“软条款”；另一方面，还要对信用证的真伪进行审查，确保其真实性 |

### 7.2.6 催开信用证是门技术活

信用证关系着货物的装运、交单和最终的收付款项，出口方只有在收到进口方开出的信用证时，才会安排发货，否则货物将不能及时发出和到达。因此，当出口企业和人员备好货物，但进口方却迟迟未开信用证时，就需要外贸人员向进口方催开信用证，以保证交易能按合同约定进行。

在实际业务中，外贸人员最常用的催开信用证方式为发送电子邮件，邮件内容被称为“推证信”。以下为“推证信”的范例。

Dear Mr/Ms × ×:

With regard to your order No. × × for 3,000 metrictons of cotton,we regret up to this date we havereceived neither ther equired credit nor any further information from you.

Ease note that,as agreed,the terms of payment for the aboveorde raresight Letter of Credite stablished within 2 weeks up on the arrival of our sales confirmation.

We here by request you to open by cable anirrevocable sight Letterof Credit for the amount of inourfavor,with which we can execute the above order according to the original schedule.

范例分为 3 个部分，第一部分是对交易订单的介绍，即双方交易货物的名称、数量和单号等信息，并对未收到对方开出的信用证这一事实进行阐述；第二部分是说明贸易合同中明确约定了该笔交易是以信用证方式支付货款，且约定在收到出口方销货确定后两周内开出信用证；第三部分是出口方对进口方开立信用证的请求，同时说明了开立信用证的类型和金额等信息。

外贸人员在写“推证信”时，可以参照范例的格式进行书写，并根据实际需要进行适当修改。同时，在催开信用证过程中还需要注意以下问题。

- 做好事前工作：催开信用证前一定要保证已方已做了相关的备货和单证准备，大多数进口方收到形式发票后才会开立信用证。
- 注意选择催开方式：目前来说，外贸人员最常用的催开方式是邮件和电话催开，邮件方式比较正式，而电话效果直接。实际操作中，对于一些紧急的事项，可以先发送催开邮件，再通过电话直接询问，以示礼貌。

◆ 注意“推证信”内容：推证信的内容应简洁明了、直入主题，切忌内容过多过杂，或铺垫过长，这样不仅会浪费双方的时间，也会降低“推证信”的效果。

### 7.2.7 修改信用证的方法

信用证并非开出就有效，进口方开证以后，出口方还需要对收到的信用证进行审核，对信用证内容与合同内容不一致有疑问的，应向进口方进行反馈和协商一致，此时进口方需要就双方协商一致的结果向开证行申请修改信用证。因此当外贸企业承担进口方责任时，就会涉及信用证的修改工作。

信用证的修改需要遵循两个原则：只有信用证开证人有权决定是否对信用证进行修改；只有信用证受益人有权决定是否接受修改后的信用证。因此，虽然修改信用证看似是开证人一方的行为，但其实与交易双方都紧密相关。

在信用证的修改过程中，除了涉及进出口交易双方之外，还不可避免地会涉及银行，在整个修改流程中各主体都需要承担一些职责，主要如下。

1. 第一步，开证申请人申请修改信用证

出口方根据合同和信用证适用国际规则的相关规定审核信用证，对于不符合要求的内容，受益人先向开证申请人提出异议，然后由开证申请人向开证行提交信用证修改申请书。

2. 第二步，开证行修改信用证

对于出口方就信用证内容提出的异议，进口方同意修改的并向开证行提交修改申请书后，开证行就申请修改事项进行审核，审核通过后进行修改并向信用证通知行发出信用证修改书，修改书一经发出不能撤销。

3. 第三步，通知行接收并审核修改后的信用证

开证行修改信用证并将信用证修改书发给原通知行后，通知行在收到修改书后应检验和审核修改书的表面真实性，审核通过的，应将其转达给受益人。

4. 第四步，受益人接受或拒绝修改后的信用证

通知行收到信用证修改书并审核通过后，向出口方发出修改通知书，此时，受益人可作出接受或不接受的决定。若受益人接受修改，则信用证下的修改事项自受益人接受起正式生效；若受益人不接受，则需将修改通知书退回至通知行，并附上表示拒绝接受修改的文件，此种情况下信用证修改无效。受益人对信用证修改拒绝或接受的表态，可不立即作出，最迟可以推迟至交单时作出。

另外，修改信用证时还需要注意以下一些问题，以提高修改效率，避免滋生冗余的过程。

（1）信用证中有多项内容需要修改的，受益人应一次全部提出，以避免多次修改信用证，给双方交易增添麻烦。

（2）需要对不可撤销的信用证进行修改的，注意其中任何条款的修改都必须经过当事人同意后才能生效。

（3）受益人收到通知行发来的信用证修改通知书后，应及时检查修改内容是否与反馈内容一致，是否符合要求，并作出接受或要求重新修改的决定。

（4）受益人若接受信用证的修改内容，则必须全部接受，否则就全部拒绝，部分接受修改内容是无效的。

（5）信用证修改通知必须通过原信用证通知行作出才有效，进口方直接寄送的修改申请书或修改书复印件是没有效力的。

（6）进行信用证修改前进出口双方应明确修改费用由谁承担，一般来说，修改费用按照责任归属来确定，责任人即是费用承担人。

### 7.2.8　如何区分信用证软条款

“软条款”有时也被称为“陷阱条款”，常出现在不可撤销信用证中。当企业或个人作为信用证受益人时，若不能识别信用证中的软条款，就将使自己处于不利地位，面临履约和结汇过程中的一些风险。

信用证软条款是指在不可撤信用证中加列的一种条款，开证申请人或开证行可以根据该条款单方面随时解除付款责任，从而使买方完全控制整笔交易，受益人处于受制地位，是否付款完全取决于买方的意愿。在软条款下，受益人处于不利和被动地位，存在履约和结汇的风险隐患。

正确识别软条款是外贸人员维护个人和企业权益的关键，常见的软条款主要有以下一些。

- 在开证申请人通知船公司、船名、装船日期、目的港、验货人后，受益人才能进行装船，使得装船时间完全由买方控制。
- 信用证开出后暂不生效，待进口许可证签发后通知生效，或待申请人确认货样后生效。此类条款使出口货物能否装运完全取决于进口方，导致出口商处于被动地位。因为出口方见信用证后才能投产，所以会使得生产难以安排，装期较紧，给货物出运造成困难。

◆ 1/3正本提单迳(直)寄开证申请人。买方可能持此单先行将货提走。

◆ 使用记名提单，承运人交货可依据收货人的合法身份证明，而不必要求其提交正本提单。

◆ 信用证到期地点和有效期均在开证行所在国。会使卖方延误寄单，单据寄到开证行时已过议付有效期。

◆ 信用证条款对运输船只、船龄或航线等进行限制。

◆ 收货收据须由开证申请人签发或核实。此条款下买方可能会拖延验货，导致信用证失效。

◆ 自相矛盾，既允许提交联运提单，又禁止转船。

◆ 规定受益人难以提交的单据，如要求使用我国无法开出的CMR运输单据。

◆ 要求就同一批货物的每个包装单位分别缮制提单。

◆ 设置质量检验证书障碍，伪造质检证书。

◆ 货物为易腐物质的，要求受益人先寄一份提单，进口方可持提单先行提货。

◆ 货物达到目的港且经外汇管理局核准后进口方才进行付款。

◆ 出口方需提交进口方在目的港的收货证明才能进行议付。

◆ 原产地证书签发日晚于提单日期。存在未经检验而装船，装船后再检验的风险。

◆ 延期付款信用证下受益人交单在前，银行付款在后。

◆ 进口方所在国家拒绝接受联合单据。

◆ 信用证规定指定货代出具联运提单。若中途更改运输方式的，存在收货人不凭正本联运提单进行提货的风险。

◆ 信用证规定货物装运后受益人不及时寄送1/3提单的，开证申请人将不寄送客检证，使受益人难以议付单据。

7.3
# 外贸结算之银行保函（L/G）

银行保函又称为保函或保证书，是由银行承担付款责任的担保凭证，也是外贸结算的方式之一。银行保函与信用证有相似之处，但更多的是差异性，因此在具体的使用过程中，外贸人员要懂得把握这种差异性，将其与信用证区分开来。

## 7.3.1 你需要了解的银行保函

银行保函是指银行、保险公司、担保公司或担保人应申请人的请求，向受益人开立的一种书面信用担保凭证，保证在申请人未能按双方协议约定履行责任或义务时，由担保人代其履行一定金额和一定时间范围内的某种支付或经济赔偿责任。常用的保函包括投标保函、履约保函、支付保函和预付款保函。

在进出口贸易中，银行保函分为进口履约保函和出口履约保函两类。进口履约保函是指担保人应进口方的申请开给出口方的保证承诺。保函约定，在出口方按期交货后，若进口方未按合同规定付款，则由担保人负责偿还货款。

出口履约保函是指担保人应出口方的申请开给进口方的保证承诺。在保函中约定，若出口方未能按合同规定交货，则由担保人对进口方的损失进行赔偿。

在保函的办理和实施过程中，会涉及不同的当事人和主体，以及他们之间需要承担的责任，主要如下。

- 申请人：向银行申请开立保函的一方，主要责任是履行合同有关义务，并在担保人履行付款义务后对其进行补偿。
- 受益人：收到保函且有权根据保函相关规定向银行索偿的一方，主要责任是履行合同约定的相关义务。
- 担保人：担保人也称为保证人，即开立保函的银行，主要责任为当受益人提出索赔时，对其提交的索赔书、保函以及其他资料与保函条件审核一致后为其支付保函规定金额赔偿。
- 通知行：通知行也称为转递行，主要职责为接受担保人的委托，将保函通知给受益人。通知行通常为受益人所在地的银行。
- 保兑行：保兑行也称为第二担保人，即根据担保人的要求在保函上进行保兑的银行。保兑行的职责为当担保人不能履约付款时，代其完成付款义务。
- 反担保人：反担保人是应委托人的要求，通过反担保的形式，指示银行向受益人开立保函的人。

根据交易类型的不同和保函类型的不同，保函的内容会有所差异，但一般情况下，内容都会包括以下要素。

（1）**基本信息**。主要包括保函的编号、开立日期、各方当事人的名称及地址、与保函相关的交易或项目名称、交易合同或标书的编号以及合同签订或标书签发日期等。

（2）**责任条款**。这是保函的主体部分，该部分内容需写明开立保函的银行或其他金融机构在保函中承诺的付款责任。

（3）**保证金额**。保证金额是开立保函的银行或其他金融机构所承担责任的最高金额，可以是一个具体的金额，也可以是合同金额的某个百分比。如果担保人可以按委托人履行合同的程度减免责任，则必须进行具体说明。

（4）**有效期**。有效期是保函的到期日，也是最迟的索赔日期。既可以是一个具体的日期，也可以是某一行为或事件发生后的一个时期。例如，在交货后3个月到期。

（5）**索赔方式**。索赔方式即索赔条件，是指受益人向担保人提出索赔时需要满足的条件。对此，有两种不同的处理方法：一种是无条件的或称“见索赔偿”保函；另一种是设定一定条件的保函。目前的索赔方式一般为见索即赔。

## 7.3.2 先申请后使用是银行保证函的规矩

外贸交易中使用的保函一般是由银行签发的，其他金融机构签发的较少。保函的签发需要遵循一定的流程，因此外贸人员在申请时也需要按照担保行的相关规定进行办理。

保函的办理一般需要经过申请人申请、银行审核和签订协议3个步骤，具体流程如下。

◆ 申请人向担保行提出开立保函的申请

申请是开立保函的第一步，外贸企业或相关人员向银行申请办理保函时，通常需要提交以下资料：《保函及贷款承诺申请书》、五证合一的营业执照、法定代表人证明文件、外贸合同、对外担保主合同、协议或标书及有关交易背景资料、经会计（审计）师事务所审计的前两年及当期财务报表、反担保措施证明文件以及银行要求的其他文件等。

◆ 担保行审查

银行收到申请人的申请和相关资料后，对申请人的合法性、财务状况和交易背景的真实性等进行调查，了解借款人的履约和偿付能力，对申请人进行授信评级，并就申请事项给予申请人答复。

◆ 担保行开立保函

担保行对申请事项审核通过的，与申请人签订《保函协议书》或《贷款承诺协议书》，申请人按担保行规定存入相应比例的保证金，办理抵（质）押或反担保手续后，担保行出具保函或贷款承诺，同时与申请人签订“开立担保协议”，约定担保种类、用途、金额、费率、有效期、付款条件、双方的权利义务、违约责任和双方认为需要约定的其他事项等。需提供反担保的，申请人还应按照银行的要求办理反担保手续。图 7–2 所示为中国工商银行开出的预付款保函。

编号 No.:

ADVANCE PAYMENT GUARANTEE

The Beneficiary: ________

We have been informed that (Name of the Applicant) (hereinafter referred to as the Applicant), has entered into contract No. (Contract Number) dated (Date of The Contract) with you, for (Description of Goods And /Or Services or Project) and you agree to pay the down payment to the seller/contractor in accordance with the agreed conditions in the contract. According to the conditions of the contract and application of applicant, a down payment guarantee which you are the Beneficiary will be issued.

The letter of guarantee and irrevocably undertake to pay you any sum or sums not exceeding in total an amount of (Amount in Figures) (say: Amount in Words) what seller/ contractor has actually receive.

We guarantee: the seller/contractor fully take their responsibility to follow the main contract to supply goods/ perform project. We would refund the amount of the prepayment after us getting written notice of claim and the fact of breach of contract if seller has breach of duty and contract:

1. ______________________________

2. ______________________________

The guarantee amount will be automatically reduced the amount according to the seller/contractor to perform its obligations, the corresponding amount or the amount of the refund.

The written notice should prior inform us if you and the Seller / Contractor negotiate changes to the master contract and involve the Bank's guarantee liability, the bank prior written approval should be issued if it will aggravate Bank guarantee responsibility; otherwise, the Bank of aggravation part of our scope is not liable for warranty.

The written approval should be issued if you will transfer of rights under this guarantee; otherwise we can no longer guarantee responsibility.

The letter of guarantee is valid according to the No.___ Way.

This letter of guarantee from the seller/contractor shall become effective upon the receipt of your payment advance,expire to ______(Date).

This letter of guarantee from the seller/contractor shall become effective upon the receipt of your payment advance, expire to the following situations occurs:________,But no later than_________(Date).

Written notice of claim and the related provable documents must be arrived in our bank guarantee the period of validity, otherwise, under this guarantee responsibility will be cancelled automatically.

The seller/contractor has performed goods/project or guarantee over the period of validity, or the guarantee obligations has been performed,this letter of guarantee expire and invalid immediately,no matter whether this letter of guarantee returned or not.

INDUSTRIAL AND COMMERCIAL BANK OF CHINA LIMITED

(Name of the Branch) BRANCH (STAMP)

Authorized person (signature):

____Date____Month____Year

图 7–2

需要注意的是，在实际应用过程中，不同的保函类型，不同的银行，其内容和样式都会有所差别，以实际情况为准。

### 7.3.3 结算方式补充：银行托收

除汇付、信用证和保函外，在外贸支付和结算中，有时还会用到银行托收的方式。托收是出口商开立汇票，委托银行代其向国外进口商收取货款或劳务款项的一种结算方式。

银行托收分为跟单托收和光票托收两种类型，最常用的是跟单托收，其中，跟单托收又分为付款交单（D/P）和承兑交单（D/A）两类。

跟单托收是银行受出口商委托，凭汇票、发票、提单和保险单等商业单据向进口商收取货款的结算方式，卖方以买方为付款人开立汇票，委托银行代其向买方收取货款。

在托收业务中，会涉及4个主体，其职责见表7–6。

表7–6 银行托收的各个主体及职责

| 主体 | 释义 | 职责 |
| --- | --- | --- |
| 委托人 | 委托银行代其向国外进口方收款的人，通常为出口方 | 按合同约定装运货物，并提供所需单据；填写托收申请书；承担收不到货款的风险；发生意外情况给予托收银行指示 |
| 托收行 | 接受出口方委托，代其向进口方收款的银行，托收行一般在出口方所在国家，故通常会将单据寄给进口方所在国家的银行，委托其进行托收业务的收款和汇票提示业务，因此托收行也被称为寄单行 | 审查委托申请书；缮制与托收申请书内容一致的托收委托书；按委托人指示处理业务并承担由其造成的过失责任 |

续上表

| 主体 | 释义 | 职责 |
| --- | --- | --- |
| 代收行 | 接受托收行委托，代为办理提示汇票和收款的进口方所在地银行 | 审查委托书，核对单据；保管单据；及时反馈托收情况 |
| 付款人 | 也称为汇款的受票人，即根据托收行指示向其提示汇票和支付款项的人，通常为进口方 | 履行承兑和付款义务 |

在所有的银行托收方式中，目前最常用的是付款交单，处理流程如下。

◆ 交易双方在合同中约定采用 D/P 方式结算。

◆ 出口方交付货物后准备全部单据（包括货运单证如提单，和商业单证如汇票、发票等）。

◆ 出口方向其往来外汇银行提出办理 D/P 托收的要求，填写托收指示书并交付全部单据。

◆ 出口方的外汇往来银行审核接受后收下托收指示书和全部单据后对其进行审核。

◆ 托收银行将全套单据分两批寄送代收银行（该银行可以由出口方银行指定也可以是出口方在托收指示书中明确，后者居多）。

◆ 代收银行收到全部单据后将单据向买方进行提示。

◆ 进口方向买方银行支付款项（即期 D/P 情况），或者买方审核单据后予以承兑并在到期时付款（远期 D/P 的情况）。

◆ 代收银行在收到买方款项后将全部单据交给进口方。

◆ 代收银行将收到的款项转交给托收银行，并由托收银行转交给卖方。

外贸人员在办理托收业务时，为了保证出口方能够尽可能快地收到货款，提交的单据应注意以下问题。

（1）跟单托收中的汇票金额，光票托收的名称、种类、期限、金额和币种均要和合同一致。

（2）汇票出票人和单据签发人必须签字或盖章，光票托收中的单据还需注明收款人和付款人的名称和地址。

（3）汇票和票据均要进行背书转让，有背书要求的运输单据也要进行背书。

（4）汇票的出票人和签发人要一致。

（5）汇票与发票等单据要保持一致，所有单据的货物描述要保持一致。

（6）价格条款为 CIF 的，要有保险单，保险单的金额要超过发票金额。

（7）运输条款与价格条款要保持一致。

# CHAPTER08 第 8 章

# 出口退税 增加盈利的有效方式

为了鼓励进出口业务的发展，让我国产品能以不含税的成本进入国外市场，增强产品竞争力，外贸企业在出口规定范围内的货物时可以通过出口退税来减少货物所需缴纳的税费，降低成本，增加盈利。

8.1

# 出口退税并非想退就能退

出口退税是针对出口货物的优惠政策，但并非所有的出口货物都能办理出口退税。出口退税是因货物而定的，一方面，出口退税的范围因货物种类而定；另一方面，出口退税的力度和程序也视货物类型而定。所以，外贸人员不仅需要知道哪些货物可以进行退税，还需要了解可以退税的货物各自的特点。

## 8.1.1 出口退税的条件

出口退税的实质是退还出口货物在国内生产和流通环节已经征收的消费税和增值税。退税需要满足一定条件：一是申请办理出口退税的企业需要满足一定条件；二是办理出口退税的货物需要是可以进行退税的货物。外贸企业和个人要顺利完成退税，这两个条件缺一不可。首先，申请办理出口退税的外贸企业本身需要具备以下资质。

（1）企业需要具备一般纳税人资质。

（2）企业需要有进出口经营权资质。

（3）企业需要有真实的外贸出口。

（4）企业需要提供增值税专用发票。

（5）企业需要提供增值税普通发票。

（6）企业需要有对应的外汇入账。

（7）企业需要提供出口报关需要的整套资料：报关单、装箱单、发票、合同及代理报关委托书。

（8）企业需要提供税局需要的整套资料：如退税申请表、报关单、放行条、提单等相关资料。

其次，申请出口退税的货物必须同时满足以下条件，否则不能退税。

◆ 必须是增值税或消费税征收范围内的货物

该范围包括除直接向农业生产者收购的免税农产品以外的所有增值税应税货物，以及烟、酒和化妆品等 11 类列举征收消费税的消费品。该范围的确定是“未征不退”的最好体现，出口货物退（免）税的对象只能是已经征收过增值税和消费税的货物，未征收增值税、消费税的货物不能退税。

◆ 必须是报关离境出口的货物

是否报关离境出口，是确定货物是否属于退（免）税范围的主要依据之一，出口退税是针对出口货物而言的。在国内销售，或没有进行报关离境的货物，除另有规定外，不论是以外汇还是以人民币进行结算，也不论出口企业采取何种账务处理方式，都不得将其视为出口货物予以退税。对收取外汇但实际在境内销售的货物（如宾馆、饭店等收取外汇的货物）因其不符合离境出口条件，故不能给予出口退（免）税。

◆ 必须是在财务上作出口销售处理的货物

出口货物只有在财务上作出口销售处理后，才能办理退（免）税。也就是说，出口退（免）税的规定只适用于贸易性的出口货物，而对非贸易性的出口货物，如捐赠的礼品、在国内个人购买并自带出境的货物（另有规定者除外）、样品、展品和邮寄品等，因其在财务上不作销售处理，故不能给予出口退（免）税。

◆ 必须是已收汇并核销的货物。

出口企业申请办理退（免）税的出口货物，必须是已进行收汇并经过外汇管理部门核销的货物。未收汇或已收汇但未核销的货物均不能给予出口退（免）税。

此外，有进出口经营权的生产企业、委托外贸企业代理出口的生产企业和外商投资企业申请办理出口货物退（免）税时，要求退税的货物除了要满足以上4个条件之外，货物还必须是生产企业的自产货物或视同自产货物才能办理退（免）税，否则不予退（免）税。

### 8.1.2 出口退税范围和退税率

出口退税的货物主要分为3类：一是给予免税并可退税；二是免税；三是免税但不予退税，这3类货物的范围也有所不同。

下列企业出口的货物属于增值税、消费税征收范围的，可办理出口退（免）税，除另有规定外，给予免税并退税。

（1）有出口经营权的内（外）资生产企业自营出口或委托外贸企业代理出口的自产货物。

（2）有出口经营权的外贸企业收购后直接出口或委托其他外贸企业代理出口的货物。

（3）无进出口权的生产企业委托外贸企业代理出口的自产货物。

（4）保税区内企业从保税区外有进出口权的企业购进直接出口或加工后

再出口的货物。

（5）对外承包工程公司运出境外用于对外承包项目的货物。

（6）对外承接修理修配业务的企业用于对外修理修配的货物。

（7）外轮供应公司或远洋运输供应公司销售给外轮、远洋国轮而收取外汇的货物。

（8）企业在国内采购并运往境外作为在国外投资的货物。

（9）援外企业利用中国政府的援外优惠贷款和合资合作项目基金方式下出口的货物。

（10）外商投资企业特定投资项目采购的部分国产设备。

（11）利用国际金融组织或国外政府贷款，采用国际招标方式，由国内企业中标销售的机电产品。

（12）境外带料加工装配业务企业的出境设备、原材料及散件。

（13）外国驻华使（领）馆及其外交人员、国际组织驻华代表机构及其官员购买的中国产物品。

外贸企业或其他企业出口下列货物时，免征增值税和消费税。

（1）来料加工复出口的货物，原材料进口免税，加工自制的货物出口不退税。

（2）避孕药品和用具、古旧图书，内销和出口都免税。

（3）出口卷烟的，在生产环节免征增值税和消费税，出口环节不办理退税。其他非计划内出口的卷烟照章征收增值税和消费税，出口一律不退税。

（4）军品及军队系统企业出口军需工厂生产或军需部门调拨的货物免税。

（5）国家现行税收优惠政策中享受免税的货物，如饲料、农药等货物出口不予退税。

（6）一般物资援助项下实行实报实销结算的援外出口货物。

企业在出口以下货物时，可给予免税，但不予退税。

（1）生产企业的小规模纳税人自营出口或委托外贸企业代理出口的自产货物。

（2）外贸企业从小规模纳税人购进并持普通发票的货物出口，免税但不退税，但对抽纱、工艺品、香料油、山货、草柳竹藤制品、渔网渔具、松香、五倍子、生漆、鬃尾、山羊板皮和纸制品等占出口比重较大且具有生产和采购的特殊因素，特准退税。

（3）外贸企业直接购进国家规定的免税货物（包括免税农产品）出口的。

（4）外贸企业自非生产企业、非市县外贸企业、非农业产品收购单位、非基层供销社和非成机电设备供应公司收购出口的货物。

出口货物的退税率变动较大。外贸人员要了解其实时数据，可以通过“国家税务总局”官方网站进行查询，下面介绍一下具体的查询方式。

我们查询具体的退税率变化情况主要是借助国家税务总局完成。首先，进入国家税务总局官网首页（http://www.chinatax.gov.cn/），单击“纳税服务”选项卡，如图 8–1 所示。

图 8-1

进入纳税服务页面，在查询板块中单击“出口退税率查询”按钮，如图 8-2 所示。

图 8-2

最后，就会查看与有关的所有出口货物的商品编码、名称、计量单位和增值税退税率，如图 8-3 所示。还可以在右侧搜索框中输入商品代码或名称搜索查询。

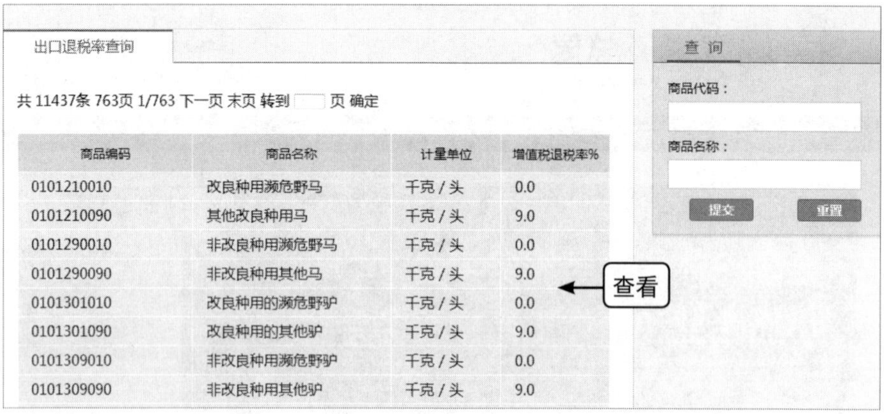

出口退税率查询

共 11437条 763页 1/763 下一页 末页 转到 页 确定

| 商品编码 | 商品名称 | 计量单位 | 增值税退税率% |
| --- | --- | --- | --- |
| 0101210010 | 改良种用濒危野马 | 千克 / 头 | 0.0 |
| 0101210090 | 其他改良种用马 | 千克 / 头 | 9.0 |
| 0101290010 | 非改良种用濒危野马 | 千克 / 头 | 0.0 |
| 0101290090 | 非改良种用其他马 | 千克 / 头 | 9.0 |
| 0101301010 | 改良种用的濒危野驴 | 千克 / 头 | 0.0 |
| 0101301090 | 改良种用的其他驴 | 千克 / 头 | 9.0 |
| 0101309010 | 非改良种用濒危野驴 | 千克 / 头 | 0.0 |
| 0101309090 | 非改良种用其他驴 | 千克 / 头 | 9.0 |



图 8-3

## 8.1.3 生产企业与外贸企业出口货物的退税差异

对于外贸企业而言，合理利用出口退税政策，认真筹划，可得到更多的优惠，以便企业内部资金的资源整合。

但是这里涉及两类企业：一类是生产性出口企业；另一类的是外贸企业出口货物。生产性出口企业指的是自产产品出口销售的企业，而外贸企业指从生产企业处购进产品出口的企业。所以相应地，出口退税也形成了生产企业和外贸企业出口两种不同的退税方式。

生产性出口企业实行“免、抵、退”税管理办法。“免税”指货物报关出口并在财务上作销售后，免征出口销售环节的销项税金；“抵税”指出口货物耗用国内采购的原材料、动力等所含的进项税额抵减内销货物的销项税额；“退税”指当期内销销项税额不足抵减时，对不足抵减部分办理退税。

而外贸出口企业依据现行出口退税政策的规定，采用“先征后退”的办法，即外贸企业支付货款给工厂时其实支付包含了增值税，国家按退税率和发票面额把退税退还到外贸企业。

关于两种企业的退税差异解读，具体如表 8–1 所示。

表 8–1　两种退税政策的差异

| 项目 | 生产企业 | 外贸企业 |
| --- | --- | --- |
| 适用对象 | 生产企业指具有生产能力，或加工能力的企业或个体商户 | 外贸企业指不具有生产能力的出口企业 |
| 退税方式 | 实行免抵退 | 实行免退 |
| 增值税退（免）税计税依据不同 | 出口货物劳务（进料加工复出口货物除外）增值税退（免）税的计税依据是出口货物劳务的实际离岸价（FOB） | 出口货物（委托加工修理修配货物除外）增值税退（免）税的计税依据为购进出口货物的增值税专用发票注明的金额或海关进口增值税专用缴款书注明的完税价格 |
| 退税额计算 | 生产企业要先采购原材料或半成品，后经过一系列加工才能形成可销售的产品，在现实生活中，税务机关很难核查内外销原材料的比例，因此是以包含成本价和毛利润之和的计税价为基数进行计算 | 外贸企业主要业务是采购产品直接出口，税务机关能容易的区分内外销比例，所以仅使用商品进价为基数进行计算，由于基数的大小不同，两种企业的进项税转出额不等，即生产企业出口同样产品所获得出口退税额将小于外贸企业所获得的出口退税额 |
| 进料加工出口退税的差异 | 在进料加工方式下，生产企业同样适用“免抵退”方法。生产企业从国外进口原材料用于加工后出口，进项税额转出是出口产品价格减去进口材料价格乘以征退税率的差 | 外贸企业由于进料加工跟一般贸易出口没有差别，退税额等于国内购进材料价格加加工费后乘以出口退税率 |
| 退税计算 | 生产企业出口货物增值税“免、抵、退”税额的计税依据及计算方法 | 外贸企业实行的是“先征后退”计算方法。收购出口货物先行征收，出口后凭增值税专用发票上注明的金额，作为申报退税的依据，办理退税，其计算的征、退税之间产生的差额计入成本 |

实际上，不管是施行“免、抵、退”政策，还是“先征后退”政策，从增值税的角度来看，对企业而言最终的结果都是一样的。

## 8.1.4 出口退税的退税依据和计算

在计算出口退税时生产企业与外贸企业不同，下面我们分别来看。

### 1. 外贸企业出口退税计算

退税依据是指计算应退税额的根据，最终表现为退税额的大小，退税依据对应的数额越多，出口退税额也就越多。因此，外贸企业要办理出口退税，在知道了哪些货物可以退税，以及退税率之后，还需要知道怎么确定其计算依据以及退税额的计算。

出口退税涉及增值税和消费税两个税种，因此，在确定计税依据和计算应退税额时要分别考虑。下面来分别介绍两类税种下出口退税的依据和计算方式。

出口货物单独记载库存账和销售账的，应以购进出口货物的增值税专用发票所列明的进项金额为退税依据；对库存和销售均采用加权平均价核算的，可按适用不同退税率的货物分别确定。

退税依据 = 出口货物数量 × 加权平均进价

应退税额 = 增值税专用发票所列进项金额 × 退税率或征收率（从一般纳税人购进出口货物为退税率，从小规模纳税人购进出口货物为征收率）

出口企业委托生产企业加工收回后报关出口的货物，退税依据为购买加工货物的原材料、支付加工货物的工缴费等专用发票所列明的进项金额。

原辅材料应退税额 = 购进原辅材料增值税专用发票所列进项金额 × 原辅材料的退税率

加工费应退税额 = 加工费发票所列金额 × 出口货物的退税率

合计应退税额 = 原辅材料应退税额 + 加工费应退税额

下面通过案例来讲解在不同情况下外贸企业增值税出口退税额的计算。

案例一：已知出口货物增值税发票进项税额

某外贸出口企业出口一批货物，获得收入 190 万美元，在国内进购货物时取得进项税额专用发票，注明金额为 170 万元，该货物的出口退税率为 9%，汇率为 1 美元 =7.0633 元人民币，问当期货物的出口退税额应为多少？

①确定退税依据为增值税发票所列进项税额

②应退税额 = 增值税专用发票所列进项金额 × 退税率

=170 万元 ×9%

=15.3（万元）

案例二：已知出口货物的销售数量和价格

某外贸公司购进农用柴油机 6 台并取得增值税专用发票，单价为 3 万元 / 台，共计金额 18 万元，税额为 2.34 万元。当年 4 月报关出口购进的柴油机 5 台，退税率为 13%，则该批出口货物的退税额应为多少？

①确定退税依据为加权平均价，退税依据 = 出口货物数量 × 加权平均进价

②应退税额 = 退税依据 × 退税率

= 出口货物数量 × 加权平均进价 × 退税率

=5×3×13%

=1.95（万元）

案例三：出口企业委托生产加工收汇后报关出口货物的出口退税

某外贸公司以进料加工贸易方式进口一批玉米，到岸价格为120万美元，之后，该外贸公司委托工厂对该批玉米加工成柠檬酸然后出口，并向工厂支付40万元加工费，取得增值税专用发票。接着为该货物出口购买了10万元的包装物，并取得增值税专用发票，注明税款1.3万元。

当年，外贸公司将所有加工的柠檬酸全部出口，外汇汇率为1美元≈7.063 3元人民币，玉米的增值税增税率为13%，柠檬酸的退税率为13%，包装物的退税率为13%，问该笔出口交易总的退税额为多少？

①原辅材料应退税额＝购进原辅材料增值税专用发票所列进项

金额×原辅材料的退税率

=10×13%

=1.3（万元）

②加工费应退税额＝加工费发票所列金额×出口货物的退税率

=40×13%

=5.2（万元）

③合计应退税额＝原辅材料应退税额＋加工费应退税额

=1.3+5.2

=6.5（万元）

外贸企业出口货物应退消费税的依据为：凡属于从价定率计征的货物应依外贸企业从工厂购进时征收消费税的价格为依据；凡属于从量定额计征的货物应依据购进和报关出口的数量为依据。

应退消费税税额 = 出口货物的工厂销售额（出口数量）× 税率（单位税额）

案例一：从价定率计征货物消费税出口退税额计算

某外贸公司购入一批化妆品，取得增值税专用发票，发票金额为 100 万元，增值税税额为 13 万元，后来公司将该批化妆品全部报关出口，该化妆品的消费税税率为 30%，问该批货物消费税的出口退税额为多少？

应退消费税税额 = 购货价款 × 税率

=100 × 30%

=30（万元）

案例二：从量定额计征货物消费税出口退税额计算

某外贸公司购进粮食白酒 2 吨，价值 8 万元，全部用于出口，该货物的税率为 13%、0.5 元 / 斤。试计算其消费税出口退税额。

①从价计征的应退消费税额 = 出口货物的工厂销售额 × 税率

=8 × 13%

=1.04（万元）

②从量计征的应退消费税额 = 出口货物的出口数量 × 单位税额

=2 × 2 000 × 0.5

=2 000（元）

=0.2（万元）

③应退消费税总额 = 从价计征的应退消费税额 + 从量计征的应退消费税额

=1.04+0.2

=1.24（万元）

2. 生产企业出口退税计算

根据国家相关条件规定，生产企业出口货物“免、抵、退税额”应根据出口货物离岸价、出口货物退税率计算。出口货物离岸价（FOB）以出口发票上的离岸价为准（委托代理出口的，出口发票可以是委托方开具的或受托方开具的），若以其他价格条件成交的，应扣除按会计制度规定允许冲减出口销售收入的运费、保险费、佣金等。

若申报数与实际支付数有差额的，在下次申报退税时调整（或年终清算时一并调整）。若出口发票不能如实反映离岸价，企业应按实际离岸价申报“免、抵、退”税，税务机关有权按照《中华人民共和国税收征收管理法》《中华人民共和国增值税暂行条例》等有关规定予以核定。

当期应纳税额：

当期应纳税额 = 当期内销货物的销项税额 −（当期进项税额 − 当期免抵退税不得免征和抵扣税额）

免抵退税额的计算：

免抵退税额 = 出口货物离岸价 × 外汇人民币牌价 × 出口货物退税率 − 免抵退税额抵减额

免抵退税额抵减额 = 免税购进原材料价格 × 出口货物退税率

免税购进原材料包括国内购进免税原材料和进料加工免税进口料件，其中进料加工免税进口料件的价格为组成计税价格。

进料加工免税进口料件的组成计税价格 = 货物到岸价格 + 海关实征关税 + 海关实征消费税

（1）当期应退税额和当期免抵税额的计算

当期期末留抵税额≤当期免抵退税额时，当期应退税额 = 当期期末留抵税额当期免抵税额 = 当期免抵退税额 – 当期应退税额

当期期末留抵税额 > 当期免抵退税额时，当期应退税额 = 当期免抵退税额

当期免抵税额=0，“当期期末留抵税额”为当期《增值税纳税申报表》的“期末留抵税额”。

（2）免抵退税不得免征和抵扣税额的计算

免抵退税不得免征和抵扣税额 = 当期出口货物离岸价 × 外汇人民币牌价 ×（出口货物征税税率 – 出口货物退税率）– 免抵退税不得免征和抵扣税额抵减额

免抵退税不得免征和抵扣税额抵减额 = 免税购进原材料价格 ×（出口货物征税税率 – 出口货物退税率）

新发生出口业务的生产企业自发生首笔出口业务之日起 12 个月内的出口业务，不计算当期应退税额，当期免抵税额等于当期免抵退税额；未抵顶完的进项税额，结转下期继续抵扣，从第 13 个月开始按免抵退税计算公式计算当期应退税额。

消费税的计税依据生产企业自营或委托外贸企业代理出口的消费税的应税货物，属从价定率计征的按增值税的计税价格为依据；属于从量定额计征的按出口数量为依据，予以免征消费税。另外，来料加工复出口货物的外销收入属于免税收入，不计算退税额。

8.2

# 出口退税必须学会的套路

了解出口退税的条件、范围和计算等都是为出口退税的最终实施做准备，在确定了企业满足出口退税标准，货物达到退税条件后，就需要逐一落实退税的各个环节，将“能退税”成功转化为“成功退税”。

## 8.2.1　出口退税资格的认定、变更和注销

满足出口退税条件只是外贸企业进行退税的前提，要正式进行退税，还需要完成资格认定，否则即使企业和出口货物均达到退税条件，也一律不予办理退税。企业或外贸人员办理出口退税资格认定可以按以下流程进行。

首先，出口企业在办理对外贸易经营者备案登记或签订首份委托出口协议之日起30日内，提供下列资料到主管税务机关办理出口退（免）税资格认定。

- ◆ 打印的纸质《出口退（免）税资格认定申请表》及电子数据。
- ◆ 加盖备案登记专用章的《对外贸易经营者备案登记表》或《中华人民共和国外商投资企业批准证书》。
- ◆ 中华人民共和国海关进出口货物收发货人报关注册登记证书。
- ◆ 银行开户许可证。
- ◆ 未办理备案登记发生委托出口业务的生产企业提供委托代理出口协议，不需提供上述第一、二项资料。

◆ 主管税务机关要求提供的其他资料。

然后，税务机关对出口企业提交的以上资料进行审核，审核无误的，对该申请事项进行受理登记。

最后，税务机关对受理事项按照规定程序办理，办理完成后核发给企业"出口退税登记证"。自此，企业的出口退税资格认定完毕。

当外贸企业的实际情况发生变化时，需要根据需要变更退税登记，以保证退税登记和企业实际的一致性。如当企业的名称、企业代码、法定代表人、经营范围、注册资本、增减分支结构、住所或经营地点、工商营业执照等信息发生变更时，就需要对退税登记进行变更。

退税登记的变更一般是在出口企业所在地主管税务机关的官网上进行申报，各地区有所差异，变更通常需要提交以下资料。

（1）变更事项相关证书或证明原件及复印件，复印件均须加盖企业公章。

（2）出口企业退（免）税资格认定的内容发生变更，且超过 30 日向主管税务机关申请变更资格认定的，还应提交超期说明，说明未在 30 天内办理变更资格认定的原因。

（3）主管税务机关要求的其他资料。

当企业出现以下情形时，应向退税登记机关申报办理注销退税登记。

（1）出口企业发生解散、破产、撤销以及其他情形的骗税行为导致暂缓退税，依法终止退税业务的，应当在向工商行政管理机关办理注销手续前，清算已退税款，追回多退税款，再持有关证件向原退税机关申报办理注销退税登记。

（2）出口企业因住所或经营地点变动而导致退税税务登记机关改变的，应当在向工商行政管理机关申请办理变更或注销登记前或者住所、经营地点变动前，向原退税登记机关申请办理注销退税登记。

（3）出口企业被工商行政管理机关吊销营业执照的，应当自营业执照被吊销之日起 30 日内，向原退税登记机关申请注销退税登记。

企业在办理注销退税登记时需要提交的资料主要有以下一些。

- 上级主管部门批文或董事会、职代会的决议。为外商投资企业的，应报送政府部门的批复和董事会决议。
- 工商行政管理机关同意注销登记的证件或吊销执照决定书。
- 原退税机关核发的税务登记证件正、副本原件。
- 结清税款、罚款和滞纳金的缴款书复印件。
- 其他有关资料和证件。

### 8.2.2 出口退税的流程和附送资料

出口退税是外贸企业的一项业务，也是外贸人员的一项工作。出口退税是规范且流程化的，只有在退税资料必须完整，退税流程正确的前提下才能完成退税，外贸人员应准确把握这两点。

目前，外贸企业出口退税申报主要通过“外贸企业出口退税申报系统”完成，该系统需要在中国退税咨询网进行下载，下载方式如下。

进入中国出口退税咨询网官网（http://www.taxrefund.com.cn/），在打开的页面中选择“产品服务”选项卡，在展开的菜单列表中单击“下载中心”超链接，如图 8–4 所示。

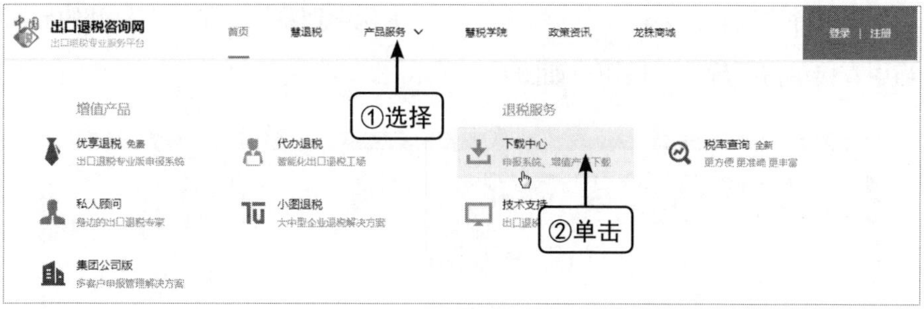


图 8-4

进入下载中心页面，选择“外贸企业出口退税申报系统标准版”选项，如图 8-5 所示。

图 8-5

进入申报系统下载页面，单击“安装包下载”按钮，如图 8-6 所示。

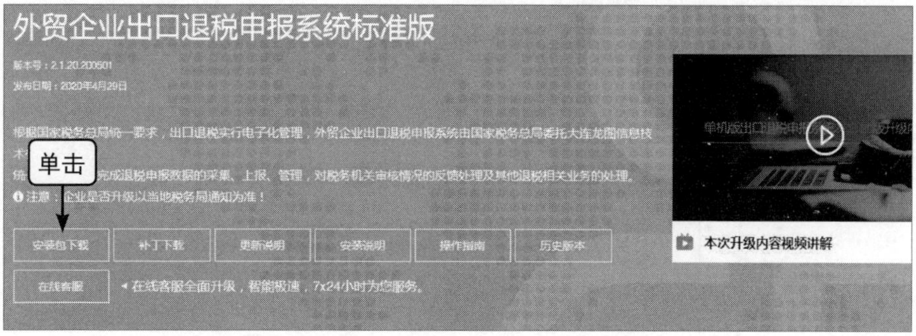


图 8-6

下载并安装软件之后，就可运行“出口退税管理系统”了，在打开的界面当中直接单击“确认”按钮，如图 8–7 所示。

图 8–7

可进入出口退税管理系统中的企业信息登记界面，出口退税申报人员可直接按照系统信息提示输入企业信息或直接导入企业信息，该界面如图 8–8 所示。

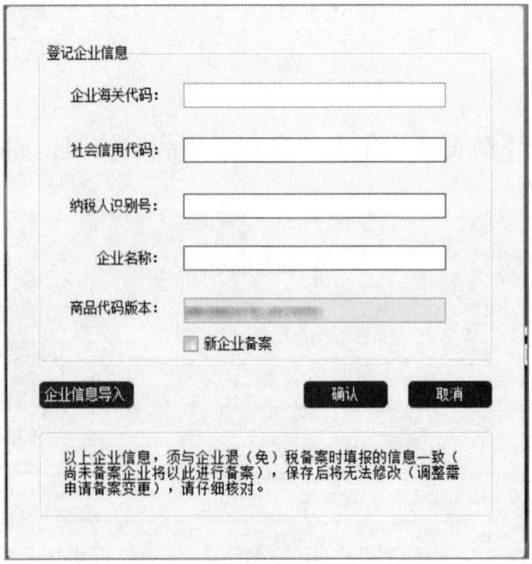


图 8–8

在完成企业信息填写之后，出口退税申报人员可根据系统提示进行正式的退税申报操作。网上申报操作完成之后，申报人员需要向地方国税局提交纸质的文件资料，主要有以下一些。

- 报关单。
- 出口销售发票。
- 进货发票。
- 结汇水单或收汇通知书。
- 生产企业直接出口或委托出口自制产品，以到岸价 CIF 结算的，还应附送出口货物运单和出口保险单。
- 从事进料加工复出口产品业务的，还应报送进口料、件的合同编号、日期、进口料件名称、数量、复出口产品名称、进料成本金额和实纳各种税金额等。
- 产品征税证明。
- 出口收汇已核销证明。
- 与出口退税有关的其他材料。

**外贸加油站**

生产型企业和外贸企业的出口退税流程有很大不同，如两者使用的退税申报系统完全不同，生产型企业使用的退税申报系统为“生产企业出口退税申报系统”。因此，申报人员进行退税申报操作时一定要注意区分，以避免弄混主体导致退税失败。

## 8.2.3　出口退税要在时限内完成

出口退税并非随时都可以进行，申报人员需要知道，大部分货物的退税申报是过期作废的，需要严格按照规定的时限进行申报操作，否则就会白白浪费退税的机会，给企业造成损失。

在实际工作中，为了做到不漏报，申报人员就必须清楚知道出口退税的 4 个申报时限，以保证在时间范围内完成申报。办理出口退税时涉及的 4 个时限主要如下所示。

（1）第一个时限："30 天"。外贸企业购进出口货物后，应及时向供货企业索取增值税专用发票或普通发票，必须在开票之日起 30 天内办理出口退税认证手续。

（2）第二个时限："90 天"。外贸企业必须在货物报关出口之日起 90 天内办理出口退税申报手续；生产企业必须在货物报关出口之日起 3 个月后的免抵退税申报期内办理抵税申报手续。

（3）第三个时限："180 天"。出口企业必须在货物报关出口之日起 180 天内，向所在地主管退税部门提供出口收汇核销单（远期收汇除外）。

（4）第三个时限："3 个月"。出口企业出口货物的纸质退税凭证丢失或内容填写错误，且按照相关规定可以进行补办或更改的，出口企业可以在申报期限内向退税部门申请延期办理出口退税，退税部门批准后，出口企业可延期 3 个月进行退税申报。

### 8.2.4　出口货物中视同内销计提销项税或征收增值税的货物

出口货物视同内销是指货物虽然进行了出口，但按相关规定应将其视为内销货物进行征税，不能申请出口退税。导致出口货物视同内销的原因，有一部分是法定的，另一部分是人为的。对于人为因素，外贸企业可通过一些方法进行避免，以维护企业最大利益。根据相关规定，视同内销的出口货物有五大类，主要如下。

（1）国家明确规定不予退（免）增值税的货物。

（2）出口企业未在规定期限内申报退（免）税的货物。

（3）出口企业虽已申报退（免）税但未在规定期限内向税务机关补齐有关凭证的货物。

（4）出口企业未在规定期限内申报开具《代理出口货物证明》的货物。

（5）生产企业出口的除 4 类视同自产产品以外的其他外购货物。4 类视同自产产品有外购的与本企业所生产的产品名称和性能相同，且使用本企业注册商标的产品；外购的与本企业所生产的产品配套出口的产品；收购经主管出口退税的税务机关认可的集团公司（或总厂）成员企业（或分厂）的产品；委托加工收回的产品。

以上货物进行出口销售时，需要按规定缴纳增值税进项税额，其计算公式如下。

销项税额 = 出口货物离岸价格 × 外汇人民币牌价 ÷（1+ 法定增值税税率）× 法定增值税税率

下面通过一个实际案例来讲解出口视同内销货物销项税额的计算。

甲外贸公司 2019 年 10 月 5 日以银行存款购进一批货物，取得的增值税专用发票金额为 100 万元，进项税额为 13 万元。2019 年 11 月 10 日将该批货物出口，出口收入为 20 万美元，1 美元≈ 7.066 元人民币。该货物征税率 13%，退税率 13%。2020 年 7 月 6 日该批货物因故须视同内销，则其应纳销售税额为多少？

$$
\begin{aligned}
\text{销项税额} &= 20 \times 7.066 \div (1+13\%) \times 13\% \\
&\approx 16.26\text{（万元）}
\end{aligned}
$$

### 8.2.5 出口退税中的特殊业务怎样办理

在出口退税中，除普通出口货物之外，还会涉及海关特殊监管区域货物的出口退税，如保税区和出口加工区，当外贸企业或出口货物属于特殊监管区域范围内时，就需要按照相关的特殊规定办理退税。

海关特殊监管区域是经国务院批准，设立在我国境内，被赋予承接国际产业转移，连接国内国际两个市场，由海关为主实施封闭监管的特定经济功能区域。有保税区、出口加工区、保税物流园区、跨境工业园区、保税港区和综合保税区 6 种模式。

保税区是在海关的监管之下，对为制造出口货物而进口的原材料、零部件以及在区内储存、加工、装配后需复出境的货物，准予暂缓办理纳税手续的区域。

保税区货物出口退税原则为：货物从保税区外运入保税区内不退税。但出口企业将货物存放于区内仓储企业，待货物实际离境后，可凭出口备案清单和出口报关单等退税，主要如下。

（1）非保税区运往保税区的货物不予退（免）税。

（2）保税区内企业从区外有进出口经营权的企业购进货物，并将购进的货物出口或加工后再出口的，凭区外供货企业提供的该货物的增值税专用发票和缴款书，运往保税区的出口货物报关单及从保税区报关离境的海关出具的出境备案清单以及其他规定的凭证，向税务机关申请办理免、抵或退税。

（3）保税区内进料加工企业从境外进口料件，可凭保税区海关签发的“海关保税区进境货物备案清单”办理《生产企业进料加工贸易免税证明》等单证。

（4）通过海关监管仓库出口的货物，可凭海关签发出口货物报关单（出口退税专用）及其他规定的凭证，按现行规定办理出口货物退（免）税。

（5）保税区与境外之间进出的货物实行备案制，海关不再签发报关单而改为备案清单。保税区内企业办理出口退税，持海关签发的备案清单及其他有关退税凭证向主管出口退税的税务机关申报办理退税。

出口加工区外企业销售给加工区内企业并运入出口加工区内企业使用的国产设备、原材料、零部件、元器件、包装物料，以及建造基础设施、加工企业和行政管理部门生产、办公用房的基建物资（不包括水、电、气），区外企业可凭海关签发的出口货物报关单（出口退税专用）和其他现行规定的出口退税凭证，向税务机关申报办理退（免）税。申请退税企业还应按海关规定填制出口货物报关单，报关单“运输方式”栏应为“出口”。

出口加工区的区内企业在加工区内加工和生产的货物，凡是将货物直接出口和销售给区内企业的，免征增值税和消费税。对区内企业出口的货物，不予办理退税；区内企业委托区外企业进行产品加工的，一律不予退（免）税；区内企业生产出口货物耗用的水、电、气、蒸汽，准予退还所含的增值税。

除此之外，在出口退税的实际处理过程中，外贸企业还需要了解经常涉及的两种特殊情况的处理，以妥善办理退税手续，享受退税优惠。

◆ 未及时收汇怎么退税

某企业出口纺织品至北美某国，使用 D/P（付款赎单）的方式结算，后因进口方财务状况恶化并进入破产程序，一直未付款赎单，故该出口企业不能完成收汇。外贸企业和人员都十分清楚，收汇是办理出口退税的前提，那么该企业没有完成收汇，是否就绝对不能办理退税呢？

答案是该企业也可以办理出口退税。我国国家税务总局规定，若进口商破产、关闭或解散的，出口企业提供破产或关闭等证明文件，并提交相关资料后经税务机关审核通过的，可视同收汇处理，企业可正常办理出口退税。但需要注意的是视同收汇的退税申请，需要在申报退税时或申报退税截止日前提交相关证明资料，否则，若在退税截止日后提出将视为无效，不能退税。

◆ 使用 EXW 贸易术语怎么退税

EXW 贸易术语是卖方承担责任最小的术语，是指卖方不负责办理清关和装运手续，在其所在地或双方约定地点将货物交给买方后就完成交货。

在 EXW 贸易术语下，出口企业很可能由于与买方约定不清导致其不能办理退税。这主要表现在：一是因为报关事项约定不明导致无法退税。EXW 贸易术语下，报关义务在买方，卖方出口企业不承担任何报关责任，因此为了避免因报关造成的退税损失，出口企业可与买方企业在外贸合同或其他协议中明确约定以买方企业名义报关，且货物出口最终未以其名义报关导致的退税损失，应由买方承担违约责任。

EXW 贸易术语下约定不清导致退税损失的另一个表现是：合同报价未明确说明该报价不含税。在交易中，若卖方的合同报价为不含税价格，就应该在合同中对此作出体现，否则，价格被视为含税价格成交，对卖方来说最终退税额也会减少。

### 8.2.6 需要补税怎么办

出口退税过程中，还会涉及补税的问题，这主要是由于出口货物被退运、出口货物转内销或其他原因导致的。当补税业务发生时，外贸人员需要懂得怎样处理。

出口货物视同内销导致的补税是最常见的补税原因之一，补税需要使用《增值税纳税申报表》进行申报，并根据不同的视同内销原因提交资料。

（1）出口货物逾期未申报。属于退税机关向出口企业发送《出口货物逾期未申报补税通知书》的，同时报送通知书和《增值税补充申报附报资料》《出口货物补征增值税附报资料》；属于出口企业自行补充申报的，同时报送《增值税补充申报附报资料》。

（2）其他视同内销。出口企业凭退税管理部门出具的《出口货物补税通知书》向所属征税机关申报纳税，同时报送《出口货物补征增值税附报资料》《增值税补充申报附报资料》及税务机关需要的相关说明材料。

（3）对属于应征消费税的。出口企业应同时补交消费税。

除出口转内销之外，外贸企业通常还会遇到退运问题，退运是指出口企业报关实际离境出口后的货物被退回，此时企业也需要补交出口时抵免的税款。其补交税款的原则如下。

生产企业的出口货物已报关离境，但因故发生退运且海关已签发《出口货物报关单（出口退税专用）》的，须凭其主管退税部门出具的《出口商品退运已补税证明》向海关申请办理退运手续。并按照相关的规定，补缴原免抵退税款，应补税额的计算方式如下。

应补税额 = 退运货物出口离岸价 × 外汇人民币牌价 × 出口货物退税率

退运的出口货物再进行出口的，出口企业可凭《出口商品退运已补税证明》

和补交税款的税收缴款书以及其他所需凭证申报办理退税。退运的出口货物转为内销的，出口企业可向主管退税机关申报办理《出口货物转内销证明》。出口企业应在规定时限内进行免抵退税申报，发生退运后再冲减当期出口销售收入。退运证明按规定期限核销。

未申报出口退税但出口企业会计业务已作出口处理的出口货物发生退运的，出口企业或其委托出口企业应向税务机关申请开具《出口货物退运已补税（未退税）证明》，申请时需要提交以下资料。

- 《退运已补税（未退税）证明申请表》及正式申报电子数据。
- 出口货物报关单原件，原件核对后退还，退运发生时已申报退税的，不需提供。
- 出口发票原件。
- 税收通用缴款书原件及复印件。

CHAPTER09

# 第 9 章

# 互联网时代跨境电子商务

网络是一个没有边界的媒介，打破了时间和空间的限制，使得原本单一的外贸交易活动得到质的飞跃，依附于网络发生的跨境电子商务具备全球性和非中心化的特性，最大限度地扩大了市场，给了外贸从业人员带来更多机会。

# 9.1 进口跨境电商模式剖析

实际上国内的进口跨境电商平台有很多，例如天猫、亚马逊、洋码头以及京东等。虽然都是进口跨境电子商务，但是他们在运行模式上却存在很大的不同。对于从事外贸行业或是想要从事跨境电商的人来说，有必要了解这些模式。

## 9.1.1 M2C 模式下的进口跨境电商——天猫国际

M2C 模式实际上是 Manufacturers to Consumer，是指制造商对消费者提供自己生产的产品或服务的一种商业模式。在跨境电商进口中，M2C 即平台招商模式，平台上的商家需要获得海外零售的资格和授权，商品由海外直邮，并且可以提供本地退换货服务。我们比较熟悉的天猫国际采用的就是 M2C 模式，图 9–1 所示为天猫国际的官网首页。

图 9–1

在 M2C 模式下，我们来看看一个消费者在天猫国际平台上购物需要经历哪些步骤，如图 9–2 所示。

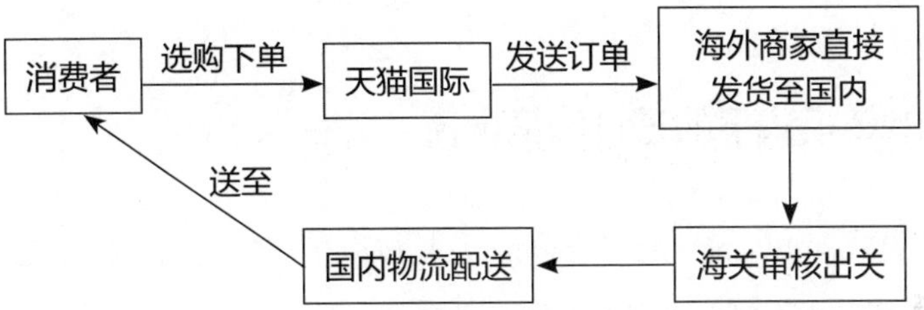


图 9–2

从上图中的交易流程可以看到，天猫国际在这场外贸交易活动中的功能定位为第三方的交易平台，其运营模式是直接引入海外商家入驻天猫国际平台，使消费者可以直接便捷地购买到海外商品。

但是天猫国际之所以能够获得这么高的人气，与阿里巴巴有着密切的联系。天猫国际作为阿里巴巴集团下的品牌，依托阿里巴巴发展具备了其他平台没有的先天流量优势和货源优势，图 9–3 所示为天猫国际的运营模式。

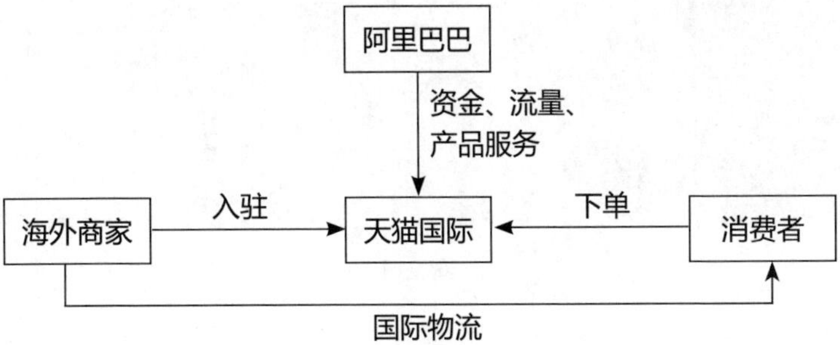


图 9–3

从图中可以看到，阿里巴巴为天猫国际提供了资金、流量和产品方面的服务。首先在资金方面，天猫国际有支付宝担保人民币交易，为消费者解决了后顾之忧；在流量方面，天猫国际从淘宝入口，淘宝的海量客户群为其提供了大量的客户群体；产品服务方面，提供了完整的售后服务和物流服务。正是这一系列的优势，使得天猫国际在一众跨境电商中脱颖而出。

## 9.1.2　B2C 模式下的进口跨境电商——京东国际

B2C 模式即 Business to Consumer，是按电子商务交易主体划分的一种电子商务模式，表示企业对消费者的电子商务。这里的 B2C 模式主要是指保税 + 直采模式，在该模式下平台通常会直接参与到货源组织和物流仓储买卖流程中，以提高销售，其中比较具有代表性的是京东国际，图 9–4 所示为京东国际首页。

图 9–4

在 B2C 模式下，京东国际从货源品质管控入手，在售前举措方面，推出了外国政府机构牵头合作、品牌官方授权、买手精选、原产地直采、跨境海关监管、入仓严检等 6 项安心举措。六重售前关卡严控质量，为跨境消费者保驾护航。

图 9–5 所示为京东国际的运行模式。

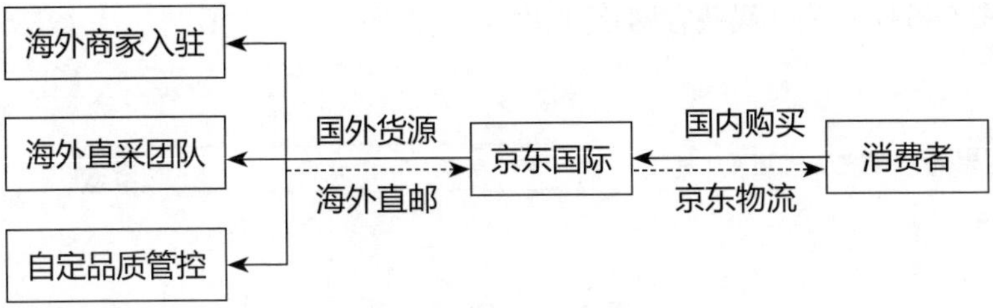


图 9-5

在 B2C 的模式下，商品的质量更容易容易把控，从而提高消费者的购物体验。另外，由于物流统一，相对的在时效上更容易去控制，可以以最短的时间让商品到达消费者手里。

### 9.1.3　C2C 买手模式下的进口跨境电商——洋码头

C2C 模式，Customer to Customer, 指的是个人与个人之间的电子商务，例如一个人将自己的手机直接卖给买家，这就是 C2C 模式。该模式通过海外买手入驻平台开店，建立起海外买手与国内消费者的联系进而达成交易，是典型的平台型 C2C 模式。

在跨境电商中，C2C 模式实际上就是海外买手制，在如今这个个性发展的时代，千人千面个性化发展已经逐渐成为一种基本的消费需求逻辑。所以 C2C 买手制更容易体现出自己的特质和偏好，优秀的买手可以通过自己的个性和影响力，获得价值观层面的认同。相比其他模式而言，C2C 平台效应可以满足碎片化的用户个性需求，形成规模。

目前国内 C2C 买手模式的跨境电商平台有很多，例如洋码头。洋码头中入住的卖家分为两类：一类是商户，模式为 M2C；另一类就是个人买手，即 C2C 模式。这里我们重点介绍 C2C 买手模式。

图 9–6 所示为洋码头官网首页。

图 9–6

从 C2C 买手模式上来看，洋码头主要有两个特点，具体如下所示。

（1）买手制，“扫货直播”频道的买手遍布全球，实时直播全球线下卖场、Outlets、百货公司等扫货现场实况。它是一种同步的海外购物 C2C 模式，买手实时发布商品和直播信息，消费者如有兴趣可直接付定金购买。

（2）限时特卖，由于“扫货直播”频道做的是海外特卖现场直播，所以特卖时间与海外基本同步。限时模式除了制造稀缺感外，一定程度上也将用户代入了现场体验。

消费者在洋码头中的交易流程如图 9–7 所示。

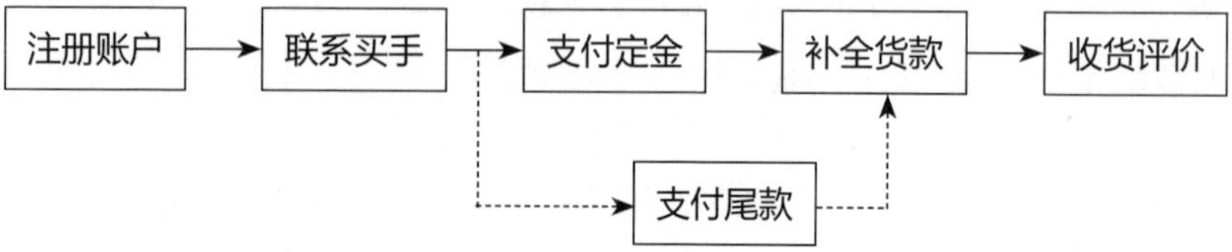


图 9–7

从图可以看到，C2C 买手制实际上是纯代购的模式，平台作为代购和消费者之间的一个中介，将二者紧密联系。买手模式所覆盖的行业及商品较为广泛，买手对海外市场的敏感度较高，产品迭代速度较快，消费黏性较高，存在一定的价格优势，满足了在进口消费中个性化、细致化、多样化的需求。

### 9.1.4　海外电商直邮模式——亚马逊

海外电商直邮模式指通过跨境电商平台将海外经销商和国内消费者直接联系起来，平台为商家展示商品并制定公平的交易规则，为消费者打造良好的消费体验。海外电商直邮模式的平台例如亚马逊，图 9–8 所示为亚马逊官网首页。

图 9–8

海外电商直邮模式下亚马逊平台的运行模式如图 9–9 所示。

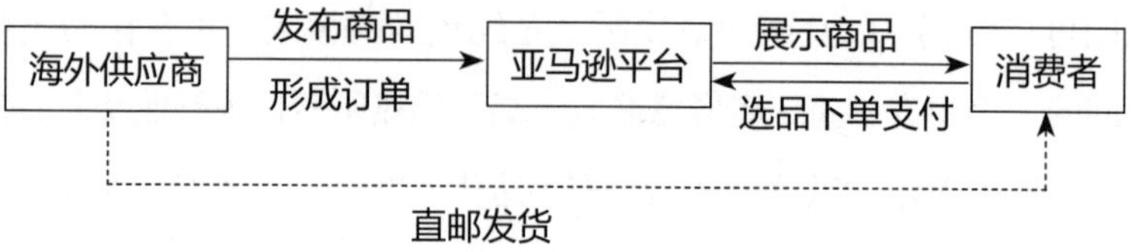


图 9-9

海外直供模式的形成需要建立在买卖交易双方都聚集的程度上，所以对平台的流量和服务要求较高。另外，海外直供模式对于供应商一般要求具有海外零售资质和授权，并且需要提供相应的本地售后服务。

### 9.1.5　社交导购模式——小红书

社交导购模式指的是通过社交的口碑效应，利用粉丝推荐分享，强化品牌从而在人群中获取自己的忠实粉丝。在这样的模式下，很容易打造出爆款商品，引发高热度。名气较高的就是小红书，图 9-10 所示为小红书 App 页面。

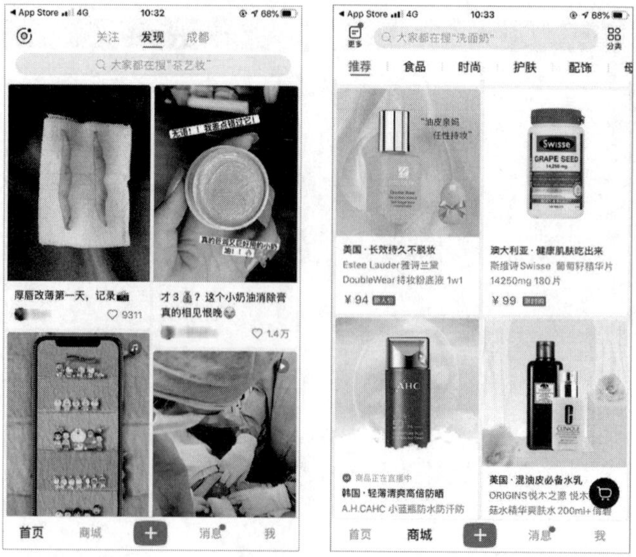


图 9-10

上图为小红书的核心板块，即笔记分享和商城，小红书做的是买手文化，让千千万万海外购物经验丰富的人在平台发布优质社区笔记内容，社区中去中心化，弱化分享内容的人，加强分享的内容。在产品框架模式上，搭建了一个以内容导向消费的时尚女性平台，其中以女性用户对各种日常时尚物品进行点评记录作为切入点，挖掘出此类女性用户群的表达分享潜力。由此，小红书的商业模式形成闭环：寻找好产品→推荐→分享→购买。

简单来说，小红书重点利用了社区产品高关系链、高黏性、信任度高的属性，典型的互联网模式案例：先免费积累用户，进而做付费转化。

但是这类模式极度依赖外部供应商，以及供应链都需要外包，比较不容易把控制量以及时效。

## 9.2 出口跨境电商模式剖析

当然，除了进口之外，还有出口。随着国际环境的日益变化，传统的外贸出口形式已经无法满足我国的外贸业务需求，由此产生出口跨境电商。我国的出口跨境电商模式主要有两种，即 B2B 模式和 B2C/C2C 模式，下面我们分别来看看。

### 9.2.1　B2B 模式下的出口跨境模式

B2B 是指企业和企业通过网络或专线传递相关数据和信息，从而开展业务活动。B2B 模式分为两种类型，即信息服务平台和交易服务平台。信息服务平台是通过第三方平台进行信息发布或者信息搜索完成交易撮合的服务，通关流程和交易结果都是离线进行的，其实质仍然是传统的贸易模式，海关被公认为一般贸易进行统计，例如阿里巴巴网。

Alibaba 国际站是阿里巴巴旗下的外贸出口 B2B 平台，是全国乃至全球最大的 B2B 电子商务网站，也是中国许多出口跨境电商卖家将产品卖往全球的据点，图 9-11 所示为阿里巴巴官网首页。

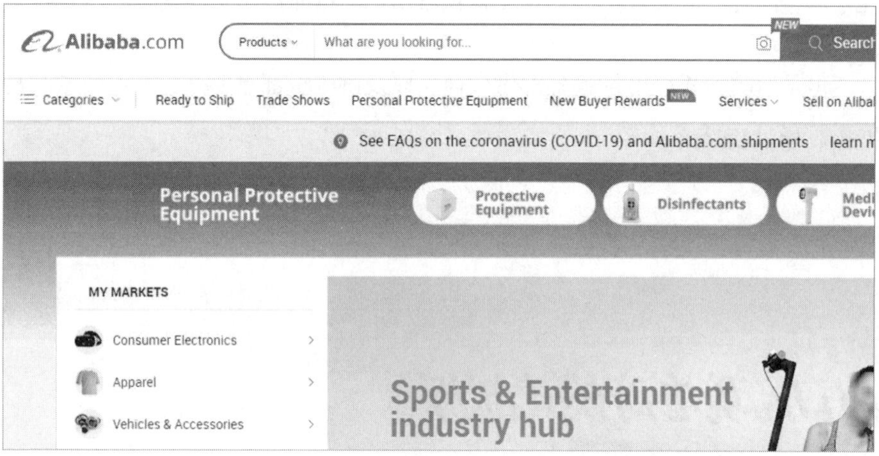


图 9-11

阿里巴巴是帮助中小企业拓展国际贸易的出口营销推广服务，它基于全球领先的企业间电子商务网站阿里巴巴国际站贸易平台，通过向海外买家展示、推广供应商的企业和产品，进而获得贸易商机和订单，是出口企业拓展国际贸易的网络平台之一。

而交易服务平台的构建能够实现供需双方之间网上交易和支付的平台商业模式，其主要的盈利模式包括收取佣金费和展示费，代表企业有敦煌网等，图 9-12 所示为敦煌网官网首页图。

图 9-12

敦煌网是国内首个为中小企业提供 B2B 网上交易的网站，它采取佣金制，免注册费，只在买卖双方交易成功后收取费用。敦煌网通过整合传统外贸企业在海关查验、物流、支付、金融等领域的生态合作伙伴，打造了集相关服务于一体的全平台、在线外贸闭环模式，大大降低了中小企业与国际市场接轨的门槛，不仅如此有利于国内中小企业的产能提升，也有利于全球中小零售商，并成为两者之间最短的直线。

### 9.2.2　B2C/C2C 模式下的出口跨境模式

B2C/C2C 模式主要包括两类平台，即开放平台和自营平台。开放平台开放的内容涉及出口电商的各个环节，除了开放买家和卖家数据外，还包括开放商品、商铺、交易、物流、评价、仓储和营销推广等各个环节，实现了应用和平台系统化对接，并围绕平台建立生态圈，例如速卖通。

全球速卖通，英文名 AliExpress，是阿里巴巴旗下的面向国际市场打造的跨境电商平台，被广大卖家称为“国际版淘宝”。全球速卖通面向海外买家客户，通过支付宝国际账户进行担保交易，并使用国际物流渠道运输发货，是全球第三大英文在线购物网站，图 9–13 所示为速卖通官网首页。

图 9–13

速卖通在阿里巴巴的支持下，发展迅猛，平台不仅商品种类众多，且流量较大。

自营平台指平台对其经营的产品进行统一生产或采购、产品展示、在线交易，并通过物流配送将产品送至消费者手中。自营平台对其管理要求比较高，在商品的引入、分类、展示、交易、物流配送以及售后保障等各个环节都需要严格控制。例如，环球易购平台，图 9–14 所示为环球易购平台官网首页。

图 9–14

环球易购是国内领先的跨境出口电商平台之一，向全球用户提供高性价比的中国制造产品，产品直销全球 200 多个国家和地区。环球易购平台通过数据驱动型精准运营模式，利用数据挖掘、用户行为分析和兴趣定位，精准营销推广。

# 9.3 跨境电子商务行业监管体系和体制

跨境电商是随着互联网的兴起而产生的一种特殊的业务形态，主要通过互联网从事商品或服务的进出口业务，国家为了鼓励和支持跨境电商的发展做出了一系列措施，下面我们来具体看看。

## 9.3.1　《电子商务法》从原则上规定了跨境电商

电子商务法是指调整平等主体之间通过电子行为设立、变更和消灭财产关系和人身关系的法律规范的总称。国家在《电子商务法》中对跨境电商做出了原则性的规定，并提供了法律依据，以便鼓励跨境电商的发展。具体内容如下所示。

第七十一条，国家促进跨境电子商务发展，建立健全适应跨境电子商务特点的海关、税收、进出境检验检疫、支付结算等管理制度，提高跨境电子商务各环节便利化水平，支持跨境电子商务平台经营者等为跨境电子商务提供仓储物流、报关、报检等服务。国家支持小型微型企业从事跨境电子商务。

第七十二条，国家进出口管理部门应当推进跨境电子商务海关申报、纳税、检验检疫等环节的综合服务和监管体系建设，优化监管流程，推动实现信息共享、监管互认、执法互助，提高跨境电子商务服务和监管效率。跨境电子商务经营者可以凭电子单证向国家进出口管理部门办理有关手续。

第七十三条，国家推动建立与不同国家、地区之间跨境电子商务的交流合作，参与电子商务国际规则的制定，促进电子签名、电子身份等国际互认。国家推动建立与不同国家、地区之间的跨境电子商务争议解决机制。

《电子商务法》确定了跨境电商交易的基本原则，经营行为规范，以及违法经营的查处等基本内容。

### 9.3.2 对跨境电商零售进出口商品的监管

为了进一步做好电子商务零售进出口商品的监管，有关部门发布《关于完善跨境电子商务零售进口监管有关工作的通知》，详细规范了电商平台在境内、经营者在境外的进口跨境电商各方的权利义务及合规要点。内容有很多，我们需要对其中的重点内容有所了解。

◆ 跨境零售进口的主体

规定了参与跨境电商零售进口的主体及各方承担的责任。跨境电商零售进口主要包括以下参与主体。

（1）跨境电商零售进口经营者（“跨境电商企业”），是注册在境外向境内消费者销售商品的货权所有人，也是承担商品质量问题的主体，应委托一家在中国境内登记注册的服务商为其在海关登记注册、进行如实申报、并承担相关民事责任。对境内消费者负有消费者权益保障责任、提醒告知义务以及建立健全网购保税进口商品质量追溯体系。

（2）跨境电商第三方平台经营者（“跨境电商平台”），是在境内办理工商登记，为消费者和跨境电商零售经营者提供交易活动平台的信息网络服务提供方。跨境电商平台应在海关进行注册登记，向海关实时传输施加电子签名的交易电子数据；建立平台内交易规则、交易安全保障、消费者权益保护、不良信息处理等管理制度；建立消费纠纷处理和消费维权自律制度、商品质量安全风险防控机制等。

（3）境内服务商，在境内办理工商登记，具有相应资质，接受跨境电商企业委托，直接向海关提供有关支付、物流和仓储信息，接受海关、市场监管等部门后续监管，承担相应责任的主体。支付、物流企业应如实向监管部门实时传输加有电子签名的跨境电商零售进口支付、物流信息；报关企业应如实申报；物流企业应向海关开放物流实时跟踪信息共享接口。

（4）消费者，负有纳税义务，跨境电商平台、物流企业或报关企业为代扣代缴义务人。对于已购买的跨境电商零售进口商品，不得再次销售。

◆ 明确了按照个人物品进行监管

这是跨境保税进口和一般贸易的最大区别和优势，明确了按照个人物品进行监管，但对“明令暂停进口的疫区商品”和“出现重大质量安全风险的商品”除外。此前核辐射区的日本产品，如果没有解除禁令，依旧无法进入。

◆ 明确了商品质量的安全主体责任

跨境电商企业承担质量安全主体责任，不过平台需要履行“先行赔付”责任。即如果消费者在平台购买了某商品，出现质量问题，平台先赔付，之后平台再向卖家追索，最大限度上的保障了消费者的权益。

◆ 虚假三单监管处罚

海关主要对虚假三单、身份证信息盗用、走私、商品质量安全等行为进行监管，市场监督管理总局主要对流入线下市场的二次销售行为进行监管。

◆ 建立电子商务出口新型海关监管模式并进行专项统计

海关对经营主体的出口商品进行集中监管，并采取清单核放、汇总申报的方式办理通关手续，降低报关费用。经营主体可在网上提交相关电子文件，并在货物实际出境后，按照外汇和税务部门要求，向海关申请签发报关单证明联。将电子商务出口纳入海关统计。

◆ 建立电子商务出口检验监管模式

对电子商务出口企业及其产品进行检验检疫备案或准入管理，利用第三方检验鉴定机构进行产品质量安全的合格评定。实行全申报制度，以检疫监管为主，一般工业制成品不再实行法检。实施集中申报、集中办理相关检验检疫手续的便利措施。

### 9.3.3 跨境电子商务下的纠纷问题

电子商务交易过程中可能会出现一些纠纷问题，我们要了解常见的问题形式，和常规的解决办法。

1. 针对货物描述不符的纠纷

货物与描述不符是比较常见的问题，也就是我们常说的“买家秀和卖家秀”。面对这类的问题，首先我们首要自查，货物是否真的如客户所说的存在与实物不符的情况，主要是针对货物的标题描述，产品图片，尺寸，包装，颜色，产品的详细描述内容是否言过其实等这些方面逐一排查。

其次分析出现的原因，如果是多变量，比如多种颜色，多种标准的产品，则需要排查买家是否存在购买过程中选择错了变量的情况。如果产品是均码或者是随机发送的产品，排查是否在详细页面描述中有对这部分内容的声明。如果是缺货或者备货状态的产品，一定要跟买家沟通是否愿意等待，是否同意调货换货，切忌不可自作主张，随便发货。

需要注意的是，在面对这类的问题时，一定要具备足够的耐心与客户进行沟通，具有同理心，站在客户的角度考虑问题，积极应对问题，适当地安抚客户的情绪。必要的时候可以做一些补偿措施，例如优惠、赠送以及补贴等。

2. 产品质量出现问题引发纠纷

产品质量问题包括产品本身的缺陷和因介绍不足引发客户对使用功能引起的质疑。如果是产品本身的缺陷导致的问题，应积极承担及时退换产品，对客户做出合理的赔偿和一系列的补偿措施，最大程度上的让客户感受到诚意。

如果是产品介绍不足而引发的客户对使用功能引起的质疑，发货前请配备详细的使用说明书作为辅助材料，并提醒客户如果遇到任何使用问题，请第一时间与自己进行沟通。积极做好产品的售前与售后服务工作。

3. 跨境电商涉及的消费者权益保护问题

不管是消费者，还是运营者都需要将消费者的合法权益放在首要位置。当跨境电商涉及消费者权益问题时，要明确处理办法。《电子商务法》明确要求电子商务经营主体应当履行消费者权益保护，依法承担产品和服务质量责任。

虽然电商法主要针对国内电商，但跨境电商主体也应履行相关消费者权益保护责任。在跨境电商通关过程中，电商企业应当在跨境电商通过服务平台上提供的报关单、支付企业提供的支付清单、物流企业提供的物流运单，三单数据确认无误后才可放行进境。消费者从境外电子商务平台直邮购买的商品出现问题，首先看电子平台相关的制度规定，表达合理诉求，其次可以向相关部门反应，涉及问题严重还可以通过法院解决。

跨境电商与电子商务一样，都可能会出现一些纠纷问题，这就要求电商在进行电子商务时不能只顾网上销售平台的建立，忽视客户服务和产品质量等，不管是平台，还是商家都需要要站在消费者角度宏观把控，努力将这种纠纷风险降到最低，最大程度上的保护消费者权益，才能促进跨境电商的长久发展。

# CHAPTER10 第 10 章

# 外贸人员全面提升

对外贸行业的从业者或打算涉足外贸行业的人士来说，除了了解外贸交易的整个流程和主要的业务处理方法之外，还需要通过一些其他的业务技能来让自己“增值”，以更好地适应行业和企业内部的竞争，更专业地为客户服务。

10.1

# 外贸人员必会业务技能

在外贸交易中，有的业务处理能一帆风顺，但有的却一波三折，久久不能顺利完成，导致这种情况出现的原因，往往是对一些小细节把握不当。因此，想要流畅地完成每项业务流程，给客户最好的服务体验，需要外贸人员在把握大局的基础上完善细节。真正的专业，往往体现在一些很小的方面。

## 10.1.1　如何弥补单证错误

外贸交易从报价签约到运输、报检、报关，再到支付结算和出口退税，都不可避免地会涉及各种各样的单证，有的单证直接决定着业务流程的“生死”。因此外贸人员必须学会处理单证错误，并尽可能地规避单证错误。

外贸单证错误，除制单人人为因素导致外，通常还会因外贸过程中环节过多，不同部门或人员之间操作的误差和疏漏而产生。比如，原定出货数量为200箱，相关部门和人员也按照该数量制作了商检和报关，但实际装运的时候因仓库记录错误或装卸过程损坏导致实际发货量只有198箱。

对于此种情形，可以根据实际进行灵活处理。信用证项下操作的，可以完全依据信用证内容进行制单。非信用证的，根据单证交付的对象不同主要有两种处理方式：“将错就错”和“分套处理”。

将错就错是指在与客户协商一致的前提下，仍按双方事先约定的条件制单，如果货物短少的，不管短缺数额，仍按照全数缮制单证。这种操作方法常用于信用证下的单证错误处理。

分套处理是指根据单证交付对象的不同而制作不同内容的单证。比如当报关数量和金额与实际数额存在误差时，按照原报关资料制作单证提交给海关，而给客户的单证则以实际数额为准。如果提单数量和报关数量一致的，可对价格略微进行调高或调低，在保持总数量不变的前提下适当减少或增加总金额，使其与实际收取的货款一致。

此外，报关数据错误会导致实际收汇数额和报关金额不一致，从而影响核销。此时，若两者差额不大，则可以采用取长补短的方式，用其他部分多收的钱弥补少收的钱，使账目平衡。

实际上，单证错误还有其他的表现形式，且他们大多数都是可以事前进行规避的，主要见表 10-1。

表 10-1　出口货物退运的账务处理

| 单证类别 | 常见错误 | 规避方法 |
|---|---|---|
| 商检 | HS 编码使用错误 | 确认需进行商检的货物和申报要素。选择货代报检报关的，应在商检前，提供货物申报要素信息给指定货代公司，请其协助审核 HS 编码，待其回复确认后再制作商检 |
| | 件数、金额、净重和货物单位错误 | 制单人员制单前与业务人员及财务确认好申报信息，无误后再申报 |
| | 装运口岸和目的国错误 | 应特别注意填写规则，如对于广州黄埔和广州，装运口岸处不能统一写为广州，要分开注明；若发深圳外运仓散货，则目的国应写中国 |

续上表

| 单证类别 | 常见错误 | 规避方法 |
|---|---|---|
| 商检 | 单据不规范 | 明确商检机构单据制作和填写的规范要求，并严格执行 |
| 报关 | 贸易方式错误 | 注意贸易方式和税收之间的对应关系。出口：一般贸易（退税）/ 买单出口（不能退税）；进口：货样（交进口税）/ 一般贸易（交进口税）/ 修理物品（免进口税） |
| | 速递报关货物称重错误 | 报关装箱单需以实际净重和毛重为准。否则申报重量和实际重量不一致就需要更改装箱单后继续报关，会延迟出货时间 |
| | 速递报关货物与单据不一致 | 制单人员与业务人员或客户确定无误后再制单 |
| 退税 | 单证内容不一致或内容不完整 | 所有单证的内容严格按照合同或信用证中约定内容进行填列 |

### 10.1.2　单证遗失怎么办

除单证错误之外，通常还会遇到因相关人员人为失误导致单证遗失的问题，单证遗失会给企业和个人带来较大的风险隐患。因此，外贸人员必须懂得如何应对这种风险，并妥善处理。

单证遗失问题的处理，主要可以从两个维度来考虑：事前预防和事后补救。一方面，企业应从制度和程序上建立一套防范单证遗失的体系，以减少遗失率。主要可以从以下 3 个方面着手。

**（1）建立规范的制单和归档制度。**通过制度规范，将单证制作和保管责任落实到人，这样可有效规范相关人员的个人行为，保证单证安全。业务员自己缮制和保管单证的，也应以制度或规范形式对其作出要求，划分责任。单证的交接应进行登记，避免转交过程中的“真空”缺漏。

**（2）做好备份。**有“备”无患，防范单证遗失也是如此，对于业务处理过程中的所有重要单证，都应进行备份，保证即使单证不慎遗失，也可对照备份内容进行业务处理。

**（3）及时处理遗失。**单证遗失后，应在第一时间处理，控制因单证遗失可能带来的风险。遗失单证为企业自行缮制的发票装箱单的，应即刻补制；为国家机构或第三方出具的，应及时通知出具人，办理补单手续。

单证遗失事件出现之后，正确及时的处理与事前防范同样重要，以下为3类重要单证遗失时的处理方式。

◆ 报关单据的遗失

装箱单等单据在报关前遗失的，外贸人员应尽量自己联系工厂补发快递或亲自递送给报关代理人。对于长期合作的报关代理人，可以预留一些已签章的空白发票和箱单等，以便在急需时可以由报关代理人及时填写。

◆ 提单的遗失

提单的遗失意味着可能不能及时提货。货代提单遗失的处理相对简单，可以出具保函请订舱货代补发提单；若遗失的是船公司提单，则处理较为麻烦，因为补发提单会使船公司面临较大风险，可能会发生无单放货或冒领货物等纠纷。所以，船公司为了控制自身风险，会在外贸人员请求补发提单时，要求出具保函并支付高于货值2～3倍的担保金。此外还会对提单遗失进行登报声明。

◆ 原产地证的遗失

已签发的原产地证遗失的，外贸企业应重新申请办理。应在签发之日起半年内，向签证机构申明理由并提供依据，经签证机构审查同意后重新办理申请手续。同时，签证机构会在新签证书上注明“×× 年 ×× 月 ×× 日原发 ×× 号原产地证作废”字样。

### 10.1.3　FOB 条件下的运杂费

海运中的运杂费名目繁多。不同报价方式下，买卖双方承担的费用也不同。因此，外贸人员需要知道在不同报价方式下，自己作为买卖主体时应负的费用责任。

外贸公司在寻找货代为办理货物运输、报检和报关等事宜时，货代公司往往会为了以优惠的代理价格吸引客户而故意将一些运杂费从海运费中剥离，待达成协议并完成代理事项后再收取高额的运杂费来弥补。或者是直接将部分费用转移给合作的外贸企业的对手方，比如在 CNF 和 CIF 条件下，将其转嫁给进口方，FOB 条件下则转嫁给出口方。无论是采用哪种方式，都会使外贸企业承担原本不应该承担的费用，平白增加交易成本，对企业不利。

尤其是对于 FOB 条件下的指定货代来说，出口方没有选择货代的主动权，只能配合进口方指定的货代完成货物从出货到上船的一系列工作。在这种情况下，指定货代巧立名目对出口方收取各类含糊的运杂费就更加容易。

为了解决这一矛盾，外贸人员需要准确把握运杂费的度，并与进口方及指定货代进行充分的有技巧地协商。

（1）明确运杂费的构成。无论是哪种报价方式，运杂费的构成都是相对固定的，一般包括运输费、装卸费、包装费、驳船费、仓储费和保险费等。外贸人员需要明确不同报价方式下以上费用都该由谁支付，比如在 FOB 条件下，只有装船前的费用由出口方承担，保险费由进口方承担，而 CIF 条件下的保险费用由出口方承担。此外，外贸人员还需注意识别在 FOB 的指定货代条件下，货代公司以含糊的“包干费”“操作费”“单证费”等取代正规的收费明细，并自定费用数额向外贸企业收取。

（2）了解货代公司的整体收费标准。FOB 指定货代下，外贸人员需要具备准确识别货代公司各项收费是否合理的能力。这就需要将收费标准与货代市场整体收费进行对比，从而作出合理判断。在这之前需要外贸人员对货代市场的整体收费水平进行充分了解，包括了解费用构成和具体的数额标准。这样才能有效判断外贸企业承担的费用是否合理。

（3）与货代协商。若指定货代收费过高、过多或费用名目模糊的，外贸人员应及时与对方进行沟通反馈，并说明市场整体收费水平等情况，对于明显乱收费的，据理力争。货代不顾“行情”不肯协商的，就与进口方客户联系，通过客户来与指定货代进行协调。

### 10.1.4　客户索要样品怎么办

由于外贸交易双方之间存在空间上的距离，双方实地交流沟通机会不多，国外进口方客户也不便每次都亲自来看产品生产过程和品质，所以通常在交易前，客户一般都会要求提供样品，作为初期谈判和将来交货和检验的依据。

样品有助于促成交易的达成，但并不是提交样本就一定能实现合作。同时，提供样品给客户，企业本身需要承担一定的费用，除了样品本身的价值，还有运送样品的快递费用。若为了争取时间采用国际快递，费用就会更加高昂，甚是很多时候会超过样品本身价值，如通过著名的 DHL 国际快递将一公斤重的包裹送至美国洛杉矶，就需要花费大约 400 元人民币。

因为提交样品存在交易不成功，且给企业和个人带来可能收不回成本的风险。所以样品给不给，如何给以及是否收取样品费和快递费，常常是业务新手头疼的问题。

首先外贸人员需要明确，样品一定是要给的，这是外贸业务的必要开支。样品是客户了解产品质量的最主要途径，在很大程度上决定着交易是否能够成功。对于一些目标客户来说，外贸人员更应该主动为其提供样品，所谓眼见为实，实物往往比数十封长篇开发信都来得更有说服力。

提供样品是必要的客户开发手段，但也必须掌握一定的技巧，不能逢人就给。要掌握 3 个基本原则。

◆ 筛选客户

首先，外贸人员需要明确提供样品的客户对象的类型，一般来说，样品只有提供给那些交易目的明确，交易意愿强烈的客户，这样才能有效促进交易达成。而对于一些只是想通过收集样品为其开拓市场，其实并没有明确购买意向的客户；或是一些不了解产品，也不了解自己需求只是一味胡乱索取产品的客户来说，即使为其提供样品，最终成交的概率也极低。

因此，外贸人员应将样品提供给真正有价值的客户，而这类客户往往是比较好判断的，外贸人员可以通过他的询盘来识别，若其询盘时使用的是准确的行业术语，明确的规格型号、采购数量和交货要求等。那么这类客户是比较有经验，也比较专业的，其目标需求也非常明确，此时只要外贸人员提供的样品能够满足其要求，且价格合适，就能很快成交。而对于其他需求不明确且成交概率极低的客户，外贸人员可以委婉拒绝其提供样品的请求。

◆ 确定交易细节

外贸人员应在与客户确定交易细节之后，再寄送样品，这样可以再次对客户进行筛选，因为真正有价值的客户，对于外贸人员和企业的这点要求是能理解和接受的，而一些“不见样品一切免谈”的客户，往往不是真正有价值并能成交的客户。另外，在与客户确认细节之后，才能明确到底该提供什么品类、什么规格以及什么颜色的样品给客户。为确保所寄样品就是客户想要的样品，外贸人员还可以在邮寄之前将样品照片和相关参数提供给客户，让其确认，以免寄错。

此外，寄送样品之前外贸人员还应说服客户以“样品合格”为假设条件确认所有交易事项，包括价格、数量和交货期等，应与客户约定，若样品达到客户的所有要求，客户应按照约定进行交易，保证交易的顺利达成。

◆ 有偿提供样品

给客户提供样品会给外贸企业带来两类基本费用：样品费和邮寄费。对于这两类费用，可以向客户适时收取。一些价值低的样品，可以免去客户样品费，只收取邮寄费；对于价值高的样品，可以向客户承诺，若一旦正式交易下单，则会在交易费用中减去已经支付的样品费用。这是外贸行业最常见和普遍接受的两种做法。真正有心成交的客户，通常都会爽快接受，只有那些并非真心成交或自己对交易都没有信心的客户，往往才容易拒绝。

收取快递费可以采用到付的方式，具体操作为，以客户提供的国际快递公司的“到付账号”进行邮寄，邮递费由快递公司凭“到付账号”向客户收取。

收取快递费，还会从客户心理方面促进交易。因为客户支付快递费用之后，便为该样品承担了一定的交易成本，相比无偿获取样品来说，会对交易更加重视，交易也就更容易达成。

除常规的样品成本和邮寄费用之外，对于一些对产品有特殊要求的客户，有时还会提出一些个性化需求，要求外贸企业按其要求单独制作样品，相当于样品的“私人订制”。这种情况下产生的样品费用会更高，此时外贸企业会向客户收取“打样费”。打样费较高的，可以分期支付，开模具前先支付一部分，模具开好后支付一部分，样品打好后再全部付清。

### 10.1.5 出口成本怎么算

成本核算是分析企业经营状况的基础，成本对于企业盈利至关重要。出口商品时，只有了解其具体的成本数额，才能以高于成本价进行外贸交易，获取收益。

出口商品的成本一般包括商品的进货成本和出口前的一切费用和税金，其计算公式如下。

出口商品总成本（退税后）= 出口商品购进价格（含增值税）+ 定额费用 − 出口退税收入

其中，退税收入 = 出口商品购进价（含增值税）/（1+ 增值税率）× 退税率。出口商品的成本核算主要有两个经济效益指标。

◆ 出口商品换汇成本（换汇率）

出口商品换汇成本反映了出口商品每取得一美元的外汇净收入所耗费的人民币成本。换汇成本越低，出口的经济效益越好，计算公式如下。

出口换汇成本 = 出口总成本（人民币元）/ 出口外汇净收入（美元）

其中，出口总成本包括进货（或生产）成本、国内费用和税金。出口外汇净收入是指扣除运费和保险费后的 FOB 外汇净收入。下面通过一个案例来讲解具体计算。

某商品国内进价为人民币 9 000 元，加工费 1 000 元，流通费 500 元，税金 97 元，出口销售外汇净收入为 1 500 美元，计算其换汇成本。

①出口总成本 = 进货成本 + 国内费用 + 税金

=9 000+1 000+500+97

=10 597（元）

②换汇成本 = 出口总成本（人民币元）/ 出口外汇净收入（美元）

=10 597 元人民币 /1 500 美元

≈ 7.06 元人民币 / 美元

◆ 出口商品盈亏率

出口商品盈亏率是说明出口商品盈亏额在出口总成本中所占的百分比，正值表示盈利，负值表示亏损，计算公式如下。

出口商品盈亏率 =（出口人民币净收入 – 出口总成本）/ 出口总成本 ×100%

其中，出口人民币净收入 =FOB 出口外汇净收入 × 银行外汇买入价。盈亏率和换汇成本之间的关系为：出口商品盈亏率 =[1 – 出口换汇成本 / 银行外汇买入价 ]×100%。

可见，换汇成本高于银行买入价，盈亏率是负值。换汇成本低于银行外汇买入价，出口才有盈利。下面通过一个案例来讲解出口商品成本的核算方法。

某产品每单位的购货成本是30元人民币，其中包括13%的增值税，若该产品出口时退税率为13%，那么该产品每单位的实际成本是多少？

①退税收入＝每单位产品购进价（含增值税）/（1+增值税率）×退税率

=30/（1+13%）×13%

≈3.5（元）

②该产品每单位成本＝每单位产品购进价格（含增值税）+定额费用－出口退税收入

=30−3.5

=26.5（元）

### 10.1.6 进口成本怎么算

出口商品时需要进行成本核算，进口商品时也同样需要通过成本核算来确定销售价格，保证盈利。进口成本是指外贸企业进口商品时所支出的全部费用，包括进口商品的外汇价款、税收和其他费用。不同报价方式下，进口成本的核算方法有所差异，计算公式主要如下所示。

进口成本＝进口商品外汇价款×外汇牌价+税收+其他费用

FOB进口货物成本=FOB进口合同价+运费+保险费+进口国内总费用+进口税费

CFR进口货物成本=CFR进口合同价+保险费+进口国内总费用+进口税费

CIF进口货物成本=CIF进口合同价+进口国内总费用+进口税费

其中，进口国内总费用包括卸货费、驳船费、码头建设费、码头仓租费、检验费、其他公证费、报关提货费和仓租费等。进口税费包括进口关税、增值税和消费税。下面来看一个进口商品成本核算的案例。

我国某外贸公司进口雪茄烟 200 箱，每箱价格为人民币 1 400 元。FOB 伦敦，合同总价为 28 万元人民币，每箱运费为人民币 200 元，保险费率为合同价格的 1%，该商品的进口关税为 50%，消费税率 36%，增值税率 13%，则该批货物的进口成本是多少？

①计算该批货物的进口关税

进口关税完税价格 =(FOB 价 + 运费 )/(1− 保险费率 )

= ( 1 400+200 ) / ( 1−1% )

≈ 1 616.16 ( 元 )

应纳关税额 = 应纳进口货物数量 × 单位完税价格 × 适用税率

= 200 × 1 616.16 × 50%

=161 616 ( 元 )

②计算该批货物的消费税

消费税计税价格 =[ 关税完税价格 ×(1+ 适用关税税率 )]/(1− 适用消费税税率 )

=[1 616.16 × ( 1+50% ) ]/ ( 1−36% )

≈ 3 787.88 ( 元 )

应纳消费税额 = 消费税计税价格 × 适用消费税率 × 应纳进口数量

=3 787.88 × 36% × 200

=272 727.36 ( 元 )

③计算该批货物的增值税额

应纳增值税额 = 组成计税价格 × 适用税率 × 应纳税进口数量

=3 787.88 × 13% × 200

=98 484.88（元）

④计算该批货物的保险费

保险费 = 合同价格 × 1%=280 000 × 1%=2 800（元）

⑤计算进口总成本

进口总成本 =FOB 合同价 + 运费 + 保险费 + 进口货物国内总费用 + 关税 + 消费税 + 增值税

=280 000+200 × 200+2 800+161 616+272 727.36+98 484.88

=855 628.24（元）

## 10.2 外贸人员必懂风险防范

风险控制和防范是一个企业和每位员工的工作重点之一，任何工作都存在或大或小的风险，企业和业务中存在的系统性风险无法预知，也无法防范，但人为风险确是可以通过日常工作的细节来规避的。只有时常怀有控制风险的意识，同时掌握一定的风险控制手段，才能让个人和企业走得更远、更安全。

### 10.2.1　出口时怎么避免延迟交货的情况

当外贸企业从事出口业务时，通常会面临延迟交货的风险，不但使企业无法按合约约定完成交货，还会给企业带来一定的违约损失，甚至因为交货不及时而导致客户流失。

为了避免出现延迟交货的风险，保证企业交货的及时性，外贸企业应该采取一些方法进行应对。应对风险的第一步，是确定风险产生的原因。一般来说，在委托生产下，导致企业延迟交货的原因有以下一些。

- 生产原料供给不及时，致使生产待料。
- 入料出料错误导致生产误料。
- 生产计划变更频繁导致生产不能有效进行。
- 包装不及时或不规范。
- 生产过程中因质量把控不到而造成返工，从而延长了生产时间。
- 有的订单货物数量少，导致无法单独生产，因等待后续订单一起生产而耽误时间。

针对以上可能导致延迟交货的原因，可以从以下 5 方面来进行规避。

（1）多开发供应商。为了保证供货及时和货源的多样化，外贸企业在注重业务和客户开发的同时，也不能忽视供应商的开发，若有足够的订单和客户，但是找不到相应的工厂来生产，也无法达成最终交易。而当供应商尽可能多的时候，企业就有了更多的主动权和选择权，对于一些量比较大的订单，可以将其分配给几个供应商同时生产，节省时间，保证及时供货；而对于一些平时生产不积极的工厂，外贸企业就可考虑终止与其合作，且不会因为放弃某一个或几个工厂，导致没有可以进行合作的供应商，从而影响企业正常的订单成交。

（2）弹性报价。这里的报价主要是针对交货时间而言的。因为产品生产过程中不可避免会存在一些突发状况，影响生产的速度和效率，导致生产不能在原定日期内完成。为了避免这种潜在风险，外贸人员在报价时就应该考虑到该因素，在预计可交货的正常时间基础上加一部分弹性时间，以应对生产过程的突发状况。

（3）选对供应商。对于外贸企业来说，供应商并非越大越好，衡量一个供应商最重要的标准是配合度。一些大型的供应商往往会因为自身的优越性而存在盛气凌人的情况，对于量不大的订单往往不会积极生产。因此比起大工厂，外贸企业可以找一些规模中等或中小规模的工厂进行生产，这类工厂一般配合度高，也较好沟通，外贸人员还可要求工厂就生产任务给出具体的生产计划并定时报告生产进度，以保证生产按期完成。

（4）增加工厂黏性。工厂与外贸企业是长期的合作伙伴，外贸企业的及时交货必须依赖于工厂，因此只有与工厂建立良好关系，增加黏性，才能使外贸企业的业务开发无后顾之忧。所谓“患难见真情”，当工厂面临生产淡季时，外贸企业若能通过接受一些利润较低或几乎没有利润的订单让工厂生产，使其渡过难关，往往能很大程度提升双方的合作关系，有效增加工厂的黏性。

（5）大订单要争取更多时间。大订单的生产数量较大，生产周期也较长，对于外贸企业和工厂来说也最为重要，因此，外贸人员就更应该向客户争取更加宽裕的时间，保证工厂有足够的时间来安排生产。此外，外贸人员还应在签订大订单之前就提前与工厂沟通，告知其生产的可能性，以便工厂可以提前进行安排。

### 10.2.2 了解贸易诈骗，才能防范风险

贸易诈骗是交易过程中常见的风险之一，外贸交易的诈骗也同样时常出现。

只有在了解可能存在的诈骗形式和手法的基础上，才可能有效识别和防范风险。

外贸交易中存在的诈骗形式较多，主要有合同主体欺诈、结算欺诈和加工贸易欺诈等。每一类欺诈形式的表现和手法都不一样，需要从不同角度去识别。

1. 外贸合同主体欺诈

外贸合同主体欺诈有 3 种主要表现形式：虚构合同主体、变更合同主体和有限责任欺诈。虚构合同主体的手法主要是一些国外的不法商人通过捏造根本不存在的公司来与国内的企业进行交易。这些不法商人提供的公司和个人信息基本上都是伪造的，想在骗取货物或货款之后就逃之夭夭。

此外，还有一种虚构合同主体的诈骗形式，即利用独立注册，具有法人资格的子公司进行欺诈。这类子公司所属母公司的知名度一般较高，但子公司实际上并无强大资本和业务，更多的是打着母公司的招牌招揽生意。这样做的结果很可能是子公司招揽的业务量极大地超过其本身的承受能力，导致合约履行存在极大风险。

变更合同主体欺诈是在国内外贸企业与国外合作伙伴签订合同后，在履行过程中合约对手方编造借口称自己无法履约，提出比原合同更为优惠的履约条件并建议由另一家外国公司代为履约。在此优惠条件的吸引下，外贸企业由于对代为履约方的资信等情况未做深入的调查了解，若盲目同意代为履约则很容易上当受骗。

有限责任公司以全部注册资本为限对外承担有限责任。因此一些国际贸易欺诈者就会利用这一点，用很低的资本注册一个有限责任公司，然后大面积地联系客户，在超出自己支付能力的前提下大量下订单，以合法的形式签订合同或开出保函，承诺在一定期限内支付货款，最终却无法履行合约。这种情况下，由于企业是有效责任公司，故即使诉诸法律途径，最大程度也只能以其所有注册资本对外贸企业进行赔偿，无法弥补外贸企业的损失。

2. 外贸结算欺诈

针对不同的结算方式，有不同的欺诈手法。其中，信用证的主要欺诈形式是通过伪造信用证来实现，通常的做法是国外买方与一些不知名、信誉差的小银行合作，向出口企业开立假的信用证骗取货物，在通过“开证行”取得提单后不进行付款。结算方式下的 T/T 类欺诈，主要有以下 4 种类型。

（1）放长线钓大鱼，国外诈骗团伙通过先和国内外贸企业合作几笔小订单并正常付款的方式，骗取外贸企业的信任。取得信任后突然给出一笔很大的订单，并以资金短缺、交货期紧为由，要求外贸企业货到付款，骗取企业货物后便不知所踪。

（2）出口货物到港后进口方以质量有问题或规格不符等为由，拒绝向出口方付款，并以此来压价，有的甚至要求先销售后付款。

（3）很多国外海关规定进口货物退货和转卖需要经过进口商的同意，而进口方往往就利用这一点，既不办理货物的通关手续，也不付款，更不同意国内出口方退货或转卖，使得货物长期滞港，想以此为砝码威胁出口方降价。

（4）以他人名义注册法人公司，并提前将公司和本人名下的财产转移出去，或抵押给银行，骗得货款后马上投入贸易经营以作为流动资金，使得企业无法采取财产保全措施。

在加工贸易中，国外对手方往往会在正常的贸易加工合同基础上签订一份虚假合同，通过虚报加工费的方式向海关办理通关手续。对于虚报合同中的金额进行正常付汇，对于正常合同和虚报合同之间的费用差额，则采用一些非正常方式补齐，如地下钱庄或携带现金出境等。此时，因为交易对手方存在虚报和欺诈行为，使得外贸企业也有协助虚假报关的嫌疑而无法对由此造成的损失进行正常追索。

针对以上各类诈骗手段，主要有以下一些防范和应对手段。

（1）与国外公司交易应注重对手方的资信状况，在正式交易前，应要求对方公司提供关于资信方面的材料，如法人资格证明、营业证明、注册资本及法人地址等。另外，外贸企业还可通过银行、行业工会、进出口商会、友好公司的海外机构及国外出版的企业黄页等渠道了解外商的资信状况及实力。

（2）外贸企业在签订外贸合同时，应要求进口方以与我国银行有代理关系的银行或国际知名、信誉良好的大银行作为开证行。对于其他银行开来的信用证，应由外贸企业银行通过核对印鉴和密押等方式来辨别真伪。此外，还可要求知名的大银行对外方银行开来的信用证进行担保。

（3）对于新客户和一些贸易不发达国家和地区的客户，最好选择信用证方式结算。付款交单和电汇方式可以对长期合作且资信良好的客户使用，不管何种情况下，都应该尽量避免使用承兑交单。

### 10.2.3　外贸交易中的外汇风险怎样应对

收付汇是外贸交易中不可避免的环节，不同国家在外汇收支下有不同的管理规定，外贸企业若不了解或不能遵循这些规定，就可能为企业带来较大外汇风险。

在实际的业务开展过程中，还存在很多因境内外贸企业不熟悉或不理解外汇管理规定，盲目按照境外企业要求操作，最终导致企业因交易异常和违规而被处罚的情况。下面通过几个案例来具体讲解。

案例一：境内交货，境外收汇

某境内外贸企业甲向境外某手机显示屏供应商乙购买了价值10万美元的手机显示屏。为简化贸易流程，双方约定手机显示屏由乙企业在中国境内的代工企业丙生产并直接交付给甲企业，甲企业则需在合约规定时间内将货款以预付款的形式直接支付给境外乙企业。随后外管局在对甲企业进行总量核查时发现异常，经过现场核查，外管局认为甲企业的预付款支出没有相应的货物进口相匹配，违背了贸易外汇收支应与货物进出口一致的管理规定，故而对该企业作出调回外汇并罚款的处理。

案例中的行为是典型的“境内交货，境外收汇”行为，违反了我国外汇管理中“境内企业办理贸易外汇收支时应当具有真实、合法的货物进出口交易背景，进出口货物流应当与收付汇资金流相匹配”的规定。

从案例中可以看出，甲企业只发生了外汇资金的汇出，但并无相应进口货物的进入，进出口货物流与收付汇资金流不能有效匹配。这种做法虽然简化了贸易的过程，但在外汇处理上却不符合规定，也不可取。

针对这种情况，甲乙两家企业可以在合乎外汇管理规定的条件下适当简化贸易流程，即乙企业可以让丙企业通过境内的特殊监管区域将手机显示屏交付给甲企业，这样既减少了国际运输的时间，提高了交易效率，又能让甲企业在取得进口清关单证的前提下向甲企业合法付汇。

案例二：将收汇直接用于付汇

境内外贸企业A的主要经营业务为出口商品至欧洲国家，同时从欧洲进口原材料。因考虑到外汇汇款费用较高，所以A企业将收到的出口货款直接用于支付进口货款。随后，外管局发现该企业的进出口货物报关数据与外汇收支数据严重偏离。经现场核查发现，该企业在其商品出口后未按照规定直接将货款汇回境内，在未在外汇局备案“出口收入存放境外业务”的情况下私自在境外将外汇货款直接用于支付进口货款，故而将该企业由A类降为B类企业，分类监管有效期为一年。

从案例中可以看出，首先A企业违反了前述的进口货物流应当与收付汇资金流相匹配的规定，在出口货物后并未将收到的外汇货款汇回境内，而是直接用于外汇支付，显然不符合规定。

针对以上情况，企业可以通过依法申请开立境外账户将收取的出口外汇直接存放境外，并将收取的外汇直接用于进口付汇。境内企业办理境外账户需同境外银行签订相关协议，并到外汇局办理用于存放出口收入的境外账户开户登记手续。此外，企业将出口收入放入境外还需要满足以下条件。

- 具有出口收入，信息来源真实，且在境外有符合规定的支付需求。
- 近两年无违反外汇管理规定行为。
- 有完善的出口收入存放境外内控制度。
- 外汇局规定的其他条件。

同时，存放于境外账户的出口收入和用境外账户直接支付的还必须是以下范围内的款项：出口货款，包括预收货款；与贸易融资相关的收入；出口保险理赔款；进口货款，包括预付货款；与贸易融资相关的支出。

此外，已开立境外账户的企业还需注意，境外账户发生收支业务的，企业应当在发生收支当月结束之日起 10 个工作日内，通过货物贸易外汇监测系统如实向外汇局报告出口收入存放境外收支情况。

案例三：收付汇之虚假单证

某境内企业 C 使用虚假进口合同、提单和商业发票等无效单证在银行办理一笔进口信用证项下金额为 250 万美元的付汇，后经外管局核查发现企业 C 办理付汇的合同、提单、发票等均为虚假单证。外管局因此对该企业作出罚款的行政处罚决定。

我国外汇相关管理规定指出："经常项目的外汇收支应当具有真实、合法的交易基础，外汇支出应凭有效单证以自有外汇支付或者向经营结汇、售汇业务的金融机构购汇支付。"交易真实性是外贸交易的核查重点，其中，判断交易真实性又主要以进出口合同、报关单和发票等单证为依据。因此，外贸企业一定要知法懂法守法，确保交易过程中所有单证的合法性和真实性，避免企业收付汇风险，维护自身合法利益。

除了法律方面的收付汇风险之外，外贸交易还会面临外汇中的时间和汇率变动风险。外汇的时间风险主要表现在因买方企业不能及时支付货款带来的风险；汇率风险主要是由于浮动汇率制下汇率随时变动而给企业带来外汇损失的风险。针对这两类风险，可以有意识地采取一些措施进行避免。

◆ 订立货币保值条款

货币保值条款的种类较多，并无固定模式，最常见的主要有黄金保值、硬货币保值和"一篮子"货币保值等，目前使用最频繁的是硬货币保值。所谓硬货币就是一些币值比较稳定的货物，如美元、英镑等，具体的做法是在合同中约定用硬货币进行货款的支付，以避免汇率波动风险。

◆ 协议分摊风险

外贸交易双方在贸易合同中对交易货物的价格和使用汇率进行事先规定，同时对发生汇率变动下交易基本汇率的确定方式以及由此带来的损失分担原则进行约定。此外，双方还可约定汇率变动时根据汇率变动大小对产品价格进行适当调整。

◆ 利用外汇金融工具对冲风险

可以利用远期外汇、外汇期货和外汇期权等外汇金融工具进行汇率变动风险对冲，通过锁定外汇价格的方式，运用以上工具获取外汇价格上涨的收益，从而对冲外贸交易中因汇率变动造成的损失。

### 10.2.4　如何预防政治关系变动的潜在外贸风险

外贸是基于不同国家和地区之间企业的交易，因此，交易双方所在国家的政治关系会在一定程度上影响外贸的进行。这也是外贸交易主体面临的一大潜在风险，外贸企业必须对其进行提前防范。

政治关系带来的风险主要体现在海关清关、反倾销等贸易壁垒，以及付款货币汇率波动和信用证开证行风险等方面，鉴于此，外贸企业可以通过以下手段来规避。

◆ 特定条款约束

特定条款约束主要是通过合约来体现，外贸企业可在交易合同中要求增加排除双方所在国政府的主权豁免、利率稳定条款和不可抗力条款等约定。具体做法是，交易双方可以在合约的稳定性条款中作出诸如以下的约定“任何政府的行为均不影响合同的履行，除非经过双方当事人的同意，否则合同双方应当依照订立合同时的法律和规定履行合同义务”。

◆ 出口保险保障

外贸企业可以通过购买出口保险的方式来弥补因政府行为和政治关系变动给企业带来的外贸交易损失。目前，出口保险险种多样，政治风险管理和赔付也在其保险范围内。因此，外贸企业可以直接购买此类险种的出口保险，直接有效地规避外贸交易的政治风险。

◆ 变长期信用交易为短期信用交易

信用交易方式下，期限越长，收款方面临的风险就越大。因此，当外贸企业作为出口方需要向国外企业收取货款时，应尽量采用短期信用交易，用尽可能少的时间收回款项，避免因政治关系变动导致无法收取货款。

另外，外贸企业还应注意把握交易的时间，期限不应过长。期限过长的交易下，企业回收资金的过程会比较长，且生产周期也会很长，对出口企业较为不利，若生产过程中因政治关系变动导致进口方不履行合约，则出口企业就面临货物无法出口的损失。

### 10.2.5 外贸交易中可能存在的法律风险

在外贸交易过程中还有一类风险不可忽视，那就是法律风险。法律风险主要是指双方交易过程中没有严格遵守国际贸易的相关法律规则而引发的一系列法律问题，可能会给自己带来法律制裁或经济处罚等问题。

外贸交易中比较常见的法律风险类型包括收汇法律风险、刑事犯罪法律风险、行政处罚法律等以及民事赔偿法律风险，下面我们详细介绍。

1. 收汇法律风险

从经济的角度来看，外贸交易活动中最容易出现的就是收汇风险。收汇风险的发生主要是因为在相关出口合同履行过程中，由于合同本身约定不利或是履行过程中操作不当所引发，并导致商品出口后无法按照预先的设想或约定收回预期的货款。通常，出口收汇风险主要有以下 3 类情况。

（1）出货规格、日期与合同规定不符造成收汇风险。出口方未按合同或信用证规定交货，一是生产厂误工，造成晚交货；二是用类似规格的产品代替合同规定的产品；三是成交价格低，以次充好。

（2）单证质量差造成收汇风险。虽然规定了以信用证方式结汇，并且按时保质出货，但出货之后，交议付行的单据没有做到单单相符、单证相符，使信用证推动了应有的保护作用。此时，即使买方付款也会给自己带来亏损。

（3）信用证规定的陷阱条款所造成的风险。在信用证规定下，因为信用证在开设时常常会出现一些恶意的进口商故意开立“单证”“单单”不一的信用证，从信用证开立时就设下不符点陷阱，帮助开证行解除付款责任，导致出口企业被拒付。对于部分出口企业而言，因法律及进出口相关知识的不足，常常会被进口商在信用证中设置的陷阱条款所影响，导致出口商无法完成约定的交单条件。

针对这些问题，出口企业要注意防范收汇风险，企业可以建立一整套的制度，将风险控制在最小范围内，可以从下面 4 个方面入手。

- 企业内建立一套完整的收汇风险管理制度，以便在外贸交易过程中监控合同的整个流程，降低可能产生的风险。
- 在谈判协商阶段要具备防范意识，主要目标是争取采用最利于我方的合同条款及结算方式，保障风险最小化，并且应当根据不同的结算方式的约定，在未来合同履行过程中使用不同的防范措施。

◆ 在合同履行的过程中要注意规范性，坚持“单证一致、单单一致”原则，并以该原则为基础，完善并实施相应风险防范制度。

◆ 做好客户或合作企业的背景调查和信用调查，核实客户的商业信誉情况。

2. 刑事、行政、民事法律风险

外贸企业在出口业务中，主要应当防范的刑事犯罪风险为走私普通货物罪、骗取出口退税罪以及销售假冒注册商标罪。对于行政处罚风险，主要为涉及出口退税的，以及侵犯他人知识产权引起的法律风险。抵御这类风险，可以采取下面4类措施。

（1）代理人底细要摸清。很多外贸企业是以代理货物出口业务为主，所以代理人在外贸交易中起着重要作用，如果代理人出现问题时会严重影响交易。因此，在出口企业进行出口业务，特别是代理出口业务时，应当严格遵守相关法律法规，并通过合理的控制手段控制风险。

（2）对于出口销售的商品的知识产权应当进行了解。很多企业出现刑事、行政法律风险都是因为自身对销售出口的商品的知识产权了解不多，以致出现侵犯他人知识产权的事情发生，而受到过行政处罚或被判民事赔偿，一旦符合特定的条件，上述风险将立即转化为刑事犯罪的风险。因此，在出口时，应当通过中国海关知识产权备案系统查询，尽可能避免出口商品因商标侵权而涉嫌制造、销售假冒注册商标商品罪。

（3）签订的合同应当包括知识产权授权条款以及免责条款。

（4）对出口业务的工作人员及公司管理人员进行针对性的刑事法律知识培训。

# 10.3 这些外贸工具你会用吗

很多时候，找对方法比努力更重要，也更有效。外贸人员开发客户和处理业务的过程中，认真负责的态度和日益积累的经验无疑是有用的，但除此之外，也不能忽视一些专业技能的掌握和工具的作用。

## 10.3.1　做外贸，这些网站你知道吗？

由于外贸交易存在空间上的限制，外贸人员在开发和处理业务的过程中会更多地依赖于一些专业网站，通过在互联网上大量地查询寻找目标客户和业务需求，并通过一些专业的网络渠道发布企业的进出口需求信息。

外贸人员常用的网站主要分为国家、地区或行业官方网站及信息收集和发布网站，具体见表 10-2。

表 10-2　外贸人员常用网站

| 类别 | 名称和网址 | 提供信息类型 |
| --- | --- | --- |
| 国家、地区和行业官方网站 | 中国商务部 :www.mofcom.gov.cn | 买家数据库、国别报告 |
| | 中国海关总署：www.customs.gov.cn | 海关相关信息，如关税、退税率和相关法律等 |
| | 国际贸易协会联盟：www.fita.org | 国际贸易资源总汇 |

续上表

| 类别 | 名称和网址 | 提供信息或网站描述 |
|---|---|---|
| 信息收集和发布 | 雅虎 :www.yahoo.com | 搜索引擎和商业目录 |
| | 中国出口商品交易会：www.cantonfair.org.cn | 提供广交会的最新信息以及参会的企业目录 |
| | 阿里巴巴：www.alibaba.com | 全国最大的电子商务网站，提供企业目录、供求信息和产品大全 |
| | 中国制造网：www.made-in-china.com | 全球最大的 B2B 商务网站 |
| | 中国企业网：www.qiyet.com | 提供中国企业黄页、企业信息和供求信息 |
| | 欧中经贸网：www.tops100.org | 欧洲和中国贸易交易中心 |
| | 中国黄页：www.cnlist.org | 中国企业目录 |
| | 环球资源：www.globalsources.com | 著名出口推广机构 |
| | Tradebi:www.tradebig.com | 含企业目录、供求信息 |
| | Allproducts:www.allproducts.com | 含供应商目录 |
| | 中国制造商目录：www.manufacturers.com.tw | 含中国供应商目录 |
| | Trade India:www.tradeindia.com | 含印度进出口企业目录 |
| | India Mart:www.indiamart.com | 印度的在线交易市场 |
| | 日本贸易振兴社：www.jetro.go.jp | 含日本经贸信息 |
| | Ebiz Japan:www.ebiz.co.jp | 含日本贸易公司信息 |
| | 贸易地带：www.tradezone.com | 较为知名的贸易信息网站 |
| | Ioffer：www.ioffer.com | 美国在线交易市场 |

续上表

| 类别 | 名称和网址 | 提供信息或网站描述 |
| --- | --- | --- |
| 信息收集和发布 | Rusbiz:www.rusbiz.com | 俄罗斯主办的贸易信息网站 |
| | Wholesalenet:www.wholesalenet.com.au | 澳大利亚的 B2B 目录和交易市场 |
| | 南美信息：www.namebright.com/ | 提供南美市场研究信息 |
| | Piers:www.piers.com | 提供多国海关进出口数据 |
| | 中国出口信用保险公司：www.sinosure.com.cn | 我国首家专业出口信用保险机构 |

## 10.3.2 这些外贸术语你听过吗

外贸中的各个环节以及与客户沟通过程中，不可避免地会涉及很多外贸术语的使用，一个或几个陌生的外贸术语就可能导致外贸人员对于整个业务或与客户的沟通出现重大理解偏差。

因此，无论是外贸新人还是有一定经验的老员工，都需要在工作中不断学习和积累各种外贸术语，了解其具体的含义和用法。外贸业务中常涉及的外贸术语主要见表 10–3。

表 10–3 主要的外贸术语

| 外贸术语 | 含义 |
| --- | --- |
| BAF：Bunker Adjustment Factor | 燃油附加费 |
| B/L：Bill of Lading | 海运提单 |
| B/R：Buying Rate | 买价 |
| B/N | 海运托运单 |
| CFR：cost and freight | 成本加运费 |

续上表

| 外贸术语 | 含义 |
| --- | --- |
| CIF：cost；insurance and freight | 成本运费加保险，俗称“到岸价” |
| CY：Container Yard | 码头 |
| CY/CY | 整装整拆 |
| C/D：customs declaration | 报关单 |
| C.C.：Freight Collect | 运费到付 |
| CNTR NO.：Container Number | 柜号 |
| C.O:certificate of origin | 一般原产地证 |
| CTN/CTNS：carton/cartons | 纸箱 |
| C.S.C：Container Service Charge | 货柜服务费 |
| C/(CNEE)：Consignee | 收货人 |
| CFS：Container Freight Station | 散货仓库 |
| CFS/CFS | 散装交货 |
| CHB：Customs House Broker | 报关行 |
| COMM：Commodity | 商品 |
| CTNR：Container | 柜子 |
| DES：Delivered Ex Ship | 目的港船上交货 |
| DEQ：Delivered Ex Quay | 目的港码头交货 |
| DDC：Destination Delivery Charge | 目的港码头费 |
| DL/DLS：dollar/dollars | 美元 |
| D/P：document against payment | 付款交单 |
| document charge | 文件或单据 |
| DOC DOCUMENT CHARGE | 文件费 |
| D/A：Document Against Acceptance | 承兑交单 |
| D/O：Delivery Order | 提货单 |
| EXW | 工厂交货（……指定地点） |
| ETA：estimated time of arrival | 到港日 |
| ETD：estimated time of delivery | 预计交货时间 |

续上表

| 外贸术语 | 含义 |
|---|---|
| ETC：estimated time of closing | 截关日 |
| EXP：export | 出口 |
| EPS：Equipment Position Surcharges | 设备位置附加费 |
| FCA：Free Carrier | 货交承运人（……指定地点） |
| FOB：Free On Board | 船上交货（……指定装运港），也称离岸价 |
| FCL：Full Container Load | 整柜、整箱货 |
| LCL：Less than one Container Load | 拼箱货 |
| F/F：Freight Forwarder | 货运代理 |
| FI：free in | 船公司不管装货 |
| FO：free out | 船公司不管卸货 |
| FAK：Freight All Kind | 各种货品 |
| G.S.P.：generalized system of preferences | 普惠制 |
| G.W.：gross weight | 毛重 |
| N.W.：net weight | 净重 |
| H/C：Handling Charge | 代理费 |
| HB/L：house bill of lading | 货代提单 |
| INV：invoice | 发票 |
| IMP：import | 进口 |
| L/C：Letter of Credit | 信用证 |
| LDP：landed duty paid | 完税交货价 |
| MB/L：Master Bill Of Loading | 主提单 |
| M/V：merchant vessel | 商船 |
| MTD：Multimodal Transport Document | 多式联运单据 |
| WT：weight | 重量 |
| Vessel/Voyage | 船名 / 航次 |
| VOCC：Vessel Operating Common Carrier | 有船公共承运人 |
| SSL：Steam Ship Line | 船公司 |

续上表

| 外贸术语 | 含义 |
| --- | --- |
| TTL：Total | 总共 |
| TEU 20：Twenty-Foot Equivalent Unit 20 | 20 英尺柜型 |
| T/S：Trans-Ship | 转船，转运 |
| T.O.C：Terminal Operations Option | 码头操作费 |
| T/T：telegraphic transfer | 电汇 |
| THC：terminal handling charge | 码头费 |
| T/T：Transit Time | 航程 |
| S/M：shipping marks | 装船标记 |
| S/(Shpr)：Shipper | 发货人 |
| S.S：steamship | 船运 |
| S/C：Sales Contract | 销售合同 |
| S/O：Shipping Order | 订舱单 |
| P/L：packing list | 装箱单、明细表 |
| PKGS：packages | 产品件数 |
| F/P：freight prepaid | 运费预付 |
| PR 或 PRC：price | 价格 |
| POL：Port Of Lading | 装运港 |
| REF：reference | 参考、查价 |
| PSS：Peak Season Surcharges | 旺季附加费 |
| POL：Port Of Lading | 装运港 |
| O/F：Ocean Freight | 海运费 |
| OB/L：Ocean bill of lading | 海运提单 |
| N/F：Notify | 通知人 |
| NVOCC：Non Vessel Operating Common Carrier | 无船承运人 |
| Mother Vessel | 主线船 |

### 10.3.3　这些国家和地区的特殊规定要谨记

海运是外贸交易最普遍的运输方式之一，它涉及到世界各国不同港口，有的港口对于货物的运输和交易都有其特殊的规定，了解这些差异性的规定，才能让外贸交易更加顺畅。

不同国家和地区，对货物的要求也不同，其特殊规定见表 10-4。

表 10-4　部分国家和地区的特殊规定

| 部分国家和地区 | 特殊规定 |
| --- | --- |
| 印度 | 首先，印度企业大多数不接受倒签，船公司若存在倒签的行为则很有可能因此被拒付货款。其次，所有转运至印度内陆货运站的货物必须由船公司负责全程运输，且提单及舱单最终目的地一栏必须填写该内陆点。否则就必须在港口掏箱，或者支付高额的更改舱单费后才能转运至内陆 |
| 西非 | 西非各个国家的海关是最严格的，出口到西非的货物都必须具有进口许可证号，否则船公司将不会签单，因特殊情况无法提供许可证号的，可与船公司商议，通过出具保函的方式获得放行。需要注意的是应尽量避免货到港后再更改单证，因为这样往往会被收取高额罚款 |
| 苏丹 | 苏丹海关规定，进口集装箱不得超过 26 吨 |
| 澳大利亚 | 出口到澳大利亚的木箱包装货物所用的木材必须经过熏蒸处理，并将熏蒸证书寄给收货人。没有木材熏蒸证书的木箱将被拆除烧毁并要求发货人更换包装，其费用由发货人承担 |
| 巴基斯坦 | 巴基斯坦不接受挂印度、南非、以色列和韩国的船舶靠港。此外，若货物为用进口纸袋包装的炭粉、石墨粉、二氧化镁及其他染料，则必须先打托盘或进行适当装箱，否则不准许卸货 |
| 伊朗 | 在伊朗港口装货出口的货物，无论在哪里支付运费，都应按运费的 50% 征收运费税，进口货免征运费税 |

续上表

| 部分国家和地区 | 特殊规定 |
|---|---|
| 巴西 | 所有提单上都必须注明运费且不能更改 |
| 沙特阿拉伯 | 所有运输到沙特阿拉伯的货物都不能经亚丁转船。此外，吉达和达曼港务局还有以下规定：<br>1. 凡经往以上两港的货物都必须在装运港打托盘，集装箱货物也要先打托盘再装箱。<br>2. 货物为袋装的，每袋净重不得超过 50 公斤。<br>3. 货物文件的各项内容必须详细，银行收款的，要列明最后提单持有人的详细名称和地址。<br>4. 提货时间不能超过货物到港后的两个星期，否则将被拍卖 |
| 美国 | 1. 装船前 24 小时提交舱单。<br>2. 提单中的发货人、收货人或通知人必须与合约中的一致。<br>3. 卸货港和最后交货地必须写明具体地点和洲名。<br>4. 港口限重：20’ST<18800KGS（CY-DOOR）；20’ST<20200KGS（CY-CY）；40’ST<20000KGS；40’HQ<20000KGS；45’HQ<20000KGS。以上重量均不包括柜重 |

## 10.3.4　了解官方机构，有助于获取信息和维权服务

外贸交易中有一些官方的服务渠道，如各国外贸协会和我国驻外大使馆经济商务参赞处等。外贸人员也可通过这些官方渠道进行业务咨询、信息查询和业务需求挖掘。

首先，外贸人员可通过各国的商业协会和贸易协会来了解其商品交易信息和需求，协会名称、网址见表 10-5。

表 10-5　协会名称、网址

| 名称 | 网址 |
|---|---|
| 孟加拉国贸促会 | http://www.dhaka-bd.com |
| 柬埔寨外贸组织 | http://www.moc.gov.kh |

续上表

| 名称 | 网址 |
|---|---|
| 马来西亚国际贸易商会 | http://www.micci.com.my |
| 新加坡国际商会 | http://www.sicc.com.sg |
| 奥地利商会组织 | http://www.commercial-agent.at |
| 德国经济合作发展组织 | http://www.bundesausfuhramt.de |
| 新奥尔良世界贸易中心 | http://www.wtcno.org |

我国的驻外经济商务参赞处是商务部派驻管理和促进对外贸易和国际经济合作的代表机构。我国在世界各国的参赞处可以通过商务部官方网站进行查询，主要查询方式如下。

首先，进入商务部官网，在打开的页面中单击“机构设置”选项卡，如图 10–1 所示。

图 10–1

然后，进入机构设置列表，在“驻外经商机构”栏中选择需要查询机构的所在地区，如“亚洲地区”，如图 10–2 所示。

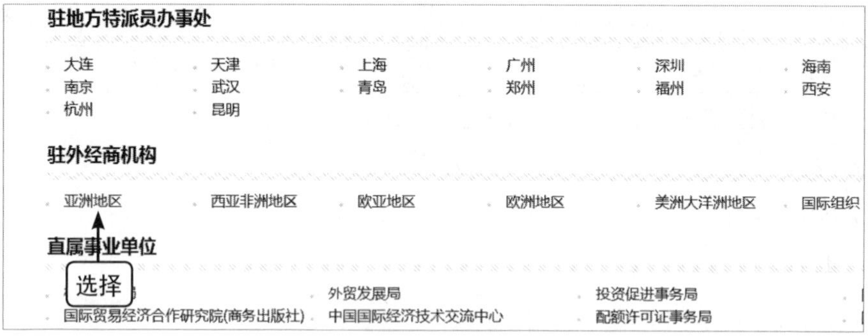


图 10-2

进入亚洲地区驻外机构页面，单击需要查询的机构名称，如“巴基斯坦”如图 10-3 所示。

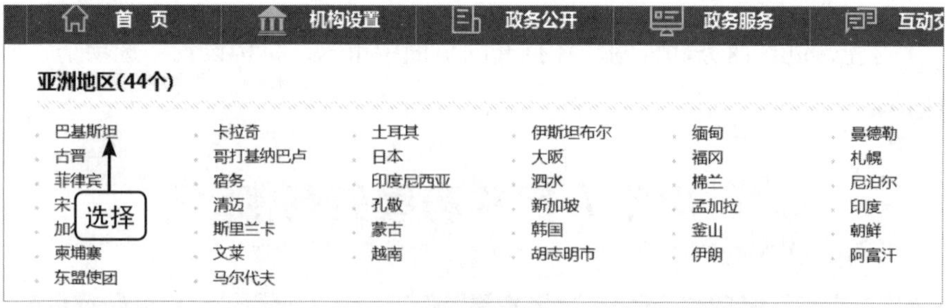


图 10-3

最后进入我国驻巴基斯坦大使馆经济商务处，查询结果如图 10-4 所示。

图 10-4

外贸人员可以通过商务参赞处中的资源进行信息收集和业务开发，主要做法有以下 4 种。

（1）公众留言。在各驻外经济商务参赞处的子站中发布资讯和产品介绍等留言，可能会得到驻外大使馆经济商务参赞处相关工作人员的直接答复，甚至直接得到客户名单。

（2）查看商情发布。可以通过目标国家或地区的驻外大使馆经济商务参赞处网站上的“商情发布”栏目了解改过的产品需求和一些外贸交易会议情况。

（3）企业目录。各国参赞处官网一般都有“企业名录”栏目，外贸人员可通过该栏目了解该国的企业信息，了解一些大型企业的业务类型和需求，以及龙头进出口企业的情况。

（4）经贸机构。参赞处官网上的“经贸机构”也能给外贸人员提供大量的信息。该栏目下包括该国主要商政府机构和商业组织的网址以及一些生产商、贸易商和商会信息，对外贸业务需求的挖掘有重要作用。

# 读 者 意 见 反 馈 表

亲爱的读者：

感谢您对中国铁道出版社有限公司的支持，您的建议是我们不断改进工作的信息来源，您的需求是我们不断开拓创新的基础。为了更好地服务读者，出版更多的精品图书，希望您能在百忙之中抽出时间填写这份意见反馈表发给我们。随书纸制表格请在填好后剪下寄到：北京市西城区右安门西街8号中国铁道出版社有限公司大众出版中心 张亚慧 收（邮编：100054）。或者采用传真（010-63549458）方式发送。此外，读者也可以直接通过电子邮件把意见反馈给我们，E-mail地址是：lampard@vip.163.com。我们将选出意见中肯的热心读者，赠送本社的其他图书作为奖励。同时，我们将充分考虑您的意见和建议，并尽可能地给您满意的答复。谢谢！

- - - - - - - - - - - - - - - - - - - - - - - - - - - - - - - - - - - - - - - -

所购书名：______________________________

个人资料：

姓名：________________性别：___________年龄：___________文化程度：______________

职业：________________________电话：____________________E-mail：_______________

通信地址：________________________________________________邮编：______________

- - - - - - - - - - - - - - - - - - - - - - - - - - - - - - - - - - - - - - - -

您是如何得知本书的：

□书店宣传 □网络宣传 □展会促销 □出版社图书目录 □老师指定 □杂志、报纸等的介绍 □别人推荐

□其他（请指明）______________________________________________

您从何处得到本书的：

□书店 □邮购 □商场、超市等卖场 □图书销售的网站 □培训学校 □其他

影响您购买本书的因素（可多选）：

□内容实用 □价格合理 □装帧设计精美 □带多媒体教学光盘 □优惠促销 □书评广告 □出版社知名度

□作者名气 □工作、生活和学习的需要 □其他

您对本书封面设计的满意程度：

□很满意 □比较满意 □一般 □不满意 □改进建议

您对本书的总体满意程度：

从文字的角度 □很满意 □比较满意 □一般 □不满意

从技术的角度 □很满意 □比较满意 □一般 □不满意

您希望书中图的比例是多少：

□少量的图片辅以大量的文字 □图文比例相当 □大量的图片辅以少量的文字

您希望本书的定价是多少：

本书最令您满意的是：

1.

2.

您在使用本书时遇到哪些困难：

1.

2.

您希望本书在哪些方面进行改进：

1.

2.

您需要购买哪些方面的图书？对我社现有图书有什么好的建议？

您更喜欢阅读哪些类型和层次的理财类书籍（可多选）？

□入门类 □精通类 □综合类 □问答类 □图解类 □查询手册类

您在学习计算机的过程中有什么困难？

您的其他要求：